照金感怀

——人民银行总行机关2015年
"重温红色记忆·筑梦青春央行"
主题活动心得文集

中国人民银行机关团委　编

中国金融出版社

责任编辑：黄海清　李　哲

责任校对：李俊英

责任印制：赵燕红

图书在版编目（CIP）数据

照金感怀（Zhaojin Ganhuai）：人民银行总行机关2015年"重温红色记忆·筑梦青春央行"主题活动心得文集/中国人民银行机关团委编.—北京：中国金融出版社，2017.10

ISBN 978-7-5049-9199-7

Ⅰ.①照…　Ⅱ.①中…　Ⅲ.①革命传统教育—中国—干部教育—学习参考资料　Ⅳ.①D642

中国版本图书馆CIP数据核字（2017）第226737号

出版
发行　**中国金融出版社**

社址　北京市丰台区益泽路2号

市场开发部　（010）63266347，63805472，63439533（传真）

网上书店　http://www.chinafph.com

　　　　　（010）63286832，63365686（传真）

读者服务部　（010）66070833，62568380

邮编　100071

经销　新华书店

印刷　北京市松源印刷有限公司

尺寸　140毫米×210毫米

印张　5.5

字数　122千

版次　2017年10月第1版

印次　2017年10月第1次印刷

定价　16.00元

ISBN 978-7-5049-9199-7

如出现印装错误本社负责调换　联系电话（010）63263947

目 录

柴已换，火长燃

○ 办公厅　黄泳

在红军长征胜利80周年之际，我们来到了照金，学习老一辈革命家的精神，体会、传承着"红色基因"。1936年10月，中国工农红军从各苏区向陕甘苏区战略撤退和转移，最终在甘肃会宁会师，红军长征胜利。这次胜利，具有伟大的历史意义，它充分表现了中国共产党人艰苦卓绝的斗争精神，这种精神是中国共产党和她领导的红军发展壮大的巨大精神力量，并给了全国人民以巨大的影响，长征保存和锻炼了众多红军的骨干，沿途播下了众多革命的种子。

在波澜壮阔的中国革命历史画卷中，陕甘边革命根据地是一个华彩的篇章，它是土地革命战争时期一块非常重要的革命根据地，1935年2月与陕北革命根据地统一为西北革命根据地。陕甘边革命根据地创建初期，照金苏区是中共陕甘边特委和陕甘边区革命委员会所在地，也是红二十六军的后方基地。照金地区的薛家寨、陈家坡等革命旧址，是爱国主义教育的重要基地。

红色基因是一种巨大的精神能量，是一种托起了中华民族脊梁的力量，这种力量一代代传承下来，它一以贯之，永不褪色。红色基因是信仰，目光远大，追求高远。红色基因是追求，勇于拼搏，自强不息。红色基因是忠诚，爱党爱国，矢志不渝。红色精神是忘我，无私奉献，无怨无悔。

习近平总书记到照金考察时，向陕甘边革命根据地英雄纪念碑敬献花篮，参观纪念馆，并强调，以照金为中心的陕甘边革命根据地，在中国革命史上写下了光辉的一页，要加强对根据地历史的研究，总结历史经验，更好发扬革命精神和优良传统。我们要按照习近平总书记的要求，争做红色基因的传承者，用红色基因来培育和弘扬社会主义价值观，凝聚正能量。

在革命期间，各位先辈依靠着高尚的品格、崇高的道德，以及对国内格局、民情的准确认知，为革命胜利打下了坚实的基础。在受到了质疑与排挤时坚守信念，他们依旧尽心尽力工作，为革命事业作奉献；在工作中两袖清风，尽力为党节约每一份物资，为开展革命工作作出极大贡献；在革命发展中坚持原则，高瞻远瞩，颇具才干，在关键政策和决策的决定和制定上果敢、准确；例如取消高利贷，解除对公民群众的压迫、发展土地革命，改善民众生活、建立国家银行、严谨制定章程、保证信誉、保持党的纪律性和保密性、全力钻研技术突破经济封锁、吸收敌人先进知识完善自身等，这些重大决策，都对革命的胜利有着重大的影响。

当今社会飞速发展，缤纷繁复的物质世界往往使人迷失在实现理想的道路上。正如有的党员干部放松了对自身的要求，出现了信仰模糊、信仰倒退等问题。有的人理想动摇，丧失了精神支柱和奋斗目标，对建设中国特色社会主义道路心存疑虑，有的人有着强烈的官僚主义，对群众冷硬横推，有的人道德缺失，拜金主义、享乐主义、极端个人主义滋生、膨胀，甚至走上了违法犯罪的道路，这些问题严重阻碍了党的建设，对党的先进性和纯洁性建设构成了严重的考验。

　　作为年轻的党员干部，我们需要做到的还有很多。首先是要有信念，坚持学习党的先进思想，同时勿以善小而不为，勿以恶小而为之，结合自身条件，做一些力所能及的事，比如从节水节电等小事做起。其次是作为一名央行人，要有远大的格局，社会主义事业的发展离不开经济金融的支持，我们要努力做好本职工作，做好中国特色社会主义事业坚实的后盾。再次，我们要有严谨的工作作风，正如马行长为我们授课时讲的一样，所讲内容都是有着大量历史资料或是亲身经历，同时在不违背原则的前提下，也应该多一些人性化、实质性、灵活性。最后还要有实事求是的工作态度和严明的纪律性和保密性，在制定新的规章制度时要结合实际，统筹考虑，同时做好保密工作，全面听从从严治党的号召，全心全意为人民服务，交出当代共产党人的答卷。

传承照金精神，无悔央行青春

○ 货币政策司　王金明

　　秋高气爽，在总行机关团委的号召下，我们入行一周年的一行人奔赴照金，参加了中国人民银行"重温红色记忆·筑梦青春央行"青年干部主题学习实践活动。照金镇位于陕西省铜川市西北部，在渭北高原与桥山山脉之间，是一个青山绿水、风景秀丽的小镇。照金自古便是兵家要塞之地，相传隋炀帝巡游至此，称"日照锦衣，遍地似金"，照金因此名传天下。1933年，刘志丹、谢子长、习仲勋等老一辈无产阶级革命家在这里创建了西北地区第一个山区革命根据地——陕甘边革命根据地，有力地打击了国民党的反动势力，点燃了西北民主革命的火种，为后来陕北革命根据地的建立创造了条件，正如毛主席在中共七大预备会议上所说："陕北有两点，一是落脚点，一是出发点，没有陕北就不能下地。"照金自此成为西北革命的摇篮，在中国革命史上写下光辉绚丽的篇章。

　　初来照金，想象中陕西铜川应该是一片黄土山川的景象，没想到坐着车从西安翻山越岭来到铜川，却是连绵起伏的山，密集的绿色植被、高大的树木从车窗外闪过。下了高速公路，忽然望见远处山顶屹立着"照金"两个红色的字和一个硕大的火炬，这便是照金了。来到照金书院，发现这里干净整洁，红砖白瓦，设施也非常现代化，很难想象这里在三、四年前还是"晴天一身土，雨天两脚泥，垃圾靠风刮，污水靠蒸发"的情况，彼时的照金经济发展滞后、基础设施薄弱，教育、卫生文化事业相对落后，农民群众生活也很拮据。但从2012年城镇化建设开始，仅仅用了一年的时间，照金镇就实现了从传统到现代、从农村到城镇的转变。我放下行李，走出书院，信步走在照金镇的街道上，这里公路四通八达，街道平坦宽阔。书院的旁边就是照金镇的核心建筑，1933广场和陕甘边革命根据地照金纪念馆，书院后面的山上，高高屹立的是陕甘边革命根据地英雄纪念碑，再往西北走，依次比邻的是照金镇政府、照金小学、照金医院、照金国际青年旅社和照金宾馆，这些建筑都是统一设计的，统一红色的墙面，合理的布局，现代的外观，配上整洁的街道，远处环绕的青山，湛蓝的天空，清新的空气，真是让人流连忘返。

在照金的培训，总行机关团委也是精心设计和安排。马德伦副行长亲自过来给我们上课，马行长用风趣幽默的语言，一件件具体的案例给我们讲述了我国的红色金融历史。从1931年11月，在中华苏维埃第一次全国代表大会上，毛泽民受命筹建中华苏维埃国家银行开始，环境十分困难，老一辈的中央银行工作者，是如何在物质极度匮乏、国民党想方设法破坏苏区的金融体系的重重阻力下，凭借着劳动人民的智慧，完成了国家银行这种初步的组织体系以及内部的架构设计，成为后来中国人民银行的雏形。而且，国家银行培养了大批干部，一部分随着红军长征到了陕北，成为新中国金融业的干部队伍。

铜川市委党校的陈建宏教授用翔实的史料和采访录音

像相结合的方式，详细地向我们讲述了陕甘边照金革命史。1931年，经过刘志丹、谢子长、习仲勋等几年的努力，在陕甘边界的南梁建立了共产党领导的革命武装——南梁游击队，后改编为西北反帝同盟军、红军陕甘游击队，次年底正式改编为红二十六军第二团，开始了以照金为中心的陕甘边根据地的创建。在杜衡"左"倾错误的指挥下，红二团遭受严重损失，国民党加紧了对照金的围攻，习仲勋等召开了陈家坡会议，建立了陕甘边红军临时总指挥部，保卫了照金苏区。1934年，在南梁恢复了陕甘边区革委会，选举产生了陕甘边区苏维埃政府，建立了中共西北工委和军委，使陕甘边根据地和陕北根据地统一为西北根据地。陈教授还讲述了很多游击队对敌斗争中的真实事迹，播放了珍贵的对习仲勋的采访录像，还原了当时惊心动魄的一幕幕，让我们仿佛梦回长征，重温了那一段承载光荣与梦想的激情岁月。

除了在课堂听讲，我们还实地参观了陕甘边革命根据地照金纪念馆，重走红军路，攀登薛家寨，瞻仰革命英雄纪念碑，实地体验了东南西三面为悬崖绝壁，山寨走势雄奇，易守难攻的薛家寨岩洞，亲身体会了红军当年的艰苦卓绝。

短短几天的照金之行，让我深深地感受到了照金精神，那是不怕牺牲、顽强拼搏的英雄气概，是独立自主、开拓进取的创新勇气，是从实际出发、密切联系群众的工作作风。我作为央行的青年员工，正应该发扬这种照金精神，向伟大的革命先辈学习，为祖国的金融事业奉献自己的青春和力量，让青春在奋斗中闪光，在奋斗中无悔！

传承的红色　不改的初心

○ 金融市场司　戴革

　　在进入中国人民银行工作一年后的这个金秋，我们来到了一个并不熟悉的陕西小镇——照金。依偎着群山，一座座漂亮的小楼房错落有致，宽敞平整的街道蜿蜒在青山绿草之间，路边还点缀着零星的红黄小花，天空澄澈如洗，仿佛置身于宁静祥和的欧洲小镇。

　　然而照金的美丽并不仅仅限于干净而充满生机的自然风光，更在于浓厚的革命传统所带来的不息的生命力。高耸而古朴的烈士纪念碑记载了革命先烈们在此浴血奋战的风采，使人望之而心生肃穆敬仰之情，先烈们奋战至最后一兵一卒的身影历历在目，高亢悲壮的呐喊声犹在耳边，他们将革命的红色基因深深植入了这片土地。

　　20世纪30年代初，刘志丹、谢子长、习仲勋等老一辈无产阶级革命家将革命事业扎根于此，创建了以照金为中心的陕甘边革命根据地，这是我党在西北地区创立的第一个山区革命根据地，在中国的革命史上留下了不可磨灭的光辉篇章，并留下了"南有瑞金，北有照金"的说法，可见照金革命历史之悠久，对中国革命贡献之突出。

　　虽然战争的硝烟已经离我们远去，但革命年代留下的红色基因却永不过时，我们也应该牢记革命前辈的奉献精神和英雄事迹，以自己的实际行动将革命前辈的红色基因传承下去，并为之增添更加丰富的时代内涵。

传承红色基因，首先要对革命精神有正确、深刻的认识。在中国的历史上，发生的战争可谓不计其数，但没有一次像中国共产党领导的新民主主义革命一样，是为了最广大人民的根本利益，是为了挽救中华民族于危亡之际，是为了全体中国人民翻身做主人，自立自强自尊自信地屹立于世界民族之林。中国共产党深刻践行了自己的宗旨，全心全意为人民服务。正是为了亿万中国人民，正是为了绵延五千多年的中华民族，在中国共产党的领导下，无数革命先烈抛头颅洒热血，谱写了一曲曲悲壮的英雄战歌。在今天，作为革命前辈红色基因的传承者，我们更应该牢记时刻以人民利益为上，权为民所用，情为民所系，利为民所谋。只要坚持和人民站在一起，就不会偏离正确的方向。

传承红色基因，必须时刻跟随中国共产党的正确领导。中国共产党是中国革命事业的领导者，带领中国人民建立了新中国，也是中国特色社会主义事业的领导核心，带领中国人民走上了建设社会主义，实现国家富强、民族复兴、人民富裕的康庄大道。中国共产党的党章党规、毛泽东思想、邓小平理论、"三个代表"重要思想、科学发展观等都是中国共产党在领导人民进行革命和建设实践中产生的思想精髓。在工作中，我们应该用这些中国共产党集体智慧的结晶来指导自己的实践，认真学习习近平总书记系列重要讲话精神，增强责任意识、底线意识，自觉和党中央保持一致，不断提高党性修养和政治觉悟。

传承红色基因，需要立足于自己的本职工作。作为一名央行人，其实我们本身对于红色基因就有强烈的认同感和使命感。在照金学习期间，通过马德伦行长的授课，我们全面了解了人民银行红色金融的发展历程，人民银行的历史和中国革命的进程紧密地联系在一起，为中国革命胜利提供了有力的金融支持。在社会主义经济建设中，特别是改革开放之后，人民银行作为中央银行，在制定和执行货币政策，防范金融风险，稳定物价，保持国际收支平衡等方面发挥了重要作用。作为一名央行青年干部，我们要不忘初心，争取在自己平凡的岗位上为国家经济建设事业作出贡献。要继续发扬人民银行"铁算盘""铁账本""铁规章"的"三铁"精神，严格要求自己，立足自己的岗位，工作中做到兢兢业业，不存侥幸心理，不留漏洞死角。

当我们从鳞次栉比的金融街来到这座宁静的小镇，当我们洗去日常工作的劳碌来触摸几十年前战场的硝烟与铁血，我们受到了更深刻的触动。今天的安定生活来之如此不易，我们更要倍加珍惜，并以革命先辈的精神激励自己，传承好革命先辈的红色基因，走好未来的人生道路。

红色基因　我们传承

○ 金融市场司　王浩年

19世纪20年代后期，陕甘边地区连年灾荒，当地群众生活极其困难，而统治阶级对人民的压迫和剥削有增无减，社会矛盾日趋激化。贫苦群众迫于现实生活压力纷纷而起，发起吃大户、抗粮抗税的斗争活动，民变、民暴此起彼伏，革命形势愈演愈烈。

刘志丹、谢子长、习仲勋等早期共产党人，在陕甘两省的交界一带，组织带领广大贫苦民众走上井冈山革命道路，从1932年秋开始在照金苏区开展革命活动，建立了西北地区第一个山区革命根据地——陕甘边照金革命根据地。照金地区群众开展了以打土豪、分田地为主的土地革命活动和以停子沟集市贸易为例的经济建设工作。这些活动不仅解决了当地困难群众生活的"燃眉之急"，使照金地区广大人民群众得到了土地这一维持生存的基础，并且对于扩大党在人民群众中的影响力具有重大的作用。

其中停子沟集市的建设工作，细细品来，对人民银行建设银行间债券市场仍有颇多启示。对于这个集市，相关文献是这么记载的：

停子沟老农南云芳、小崖子村杨玉财等回忆：当时，李妙斋让停子沟农民冯彦升出面筹办。冯彦升就在停子沟正式办起集市。集市刚成立时规定5天一集，一到过集时，周围群众都来进行交易，交易的物品主要是粮食和蔬菜。粮食中有面粉、玉米、小麦、小米、豆类；蔬菜中有洋芋、白萝卜、白菜、大蒜、豆角、辣子，还有豆腐、鸡蛋，偶尔也有肉和其他东西。红军在贸易中不仅坚持公平买卖的原则，还坚持"要先让群众买"的规定，红军为了使来参加集市交易的人不受损失，每次在快要散集时，特意安排南云芳的公公冯彦升去集市上把剩余的粮食、蔬菜全买下。

通过一段时间停子沟集市贸易活动的开展，照金革命根据地的人民群众深切感受到党领导下的集市贸易活动给他们所带来的实际好处，照金革命根据地的当地群众也很愿意把自家的物品带到贸易市场上来进行交易，因此集市上进行交易的物品种类也日益增多。集市发展到一定阶段后"不仅根据地内群众踊跃上市，而且不少白区群众也到这里来出售物品。集市贸易日益活跃，天天立市的要求渐渐变为了现实，这也就自然改变了5天一集的规定。至此，较为固定的集市贸易制度也就在照金地区形成了。

在这个集市的建设中，一是真正的组织者不着痕迹地参与，使市场形成稳定的预期；二是尊重市场发展规律，公平买卖，通过与民让利，使市场自发发展壮大；三是品种不断丰富，任何人都能成为市场成员，并各取所需。这些发展经验，与我们建设和运营银行间债券市场都有一定相似性，也带来很多启示。

稳定预期方面，在银行间市场中，人民银行通过公开市场操作、SLO、SLF、MLF等引导不同期限的资金价格，稳定金融市场利率。每当资金出现较大波动时，公开操作往往通过一级交易商收紧或释放短期流动性来平抑价格。尊重发展规律方面，我们发展债券市场不盲目复制任何其他金融市场的模式，而是依靠合格投资者和场外交易方式，先发展利率债品种，使之成为市场的定价基础，为货币政策操作打牢品种保障，并且使每一只债券的买卖双方都能成为获益者。发行人以更合理的价格融资，投资者获得稳定回报的资产，供需双方对接，切实降低了实体经济融资成本。丰富品种和投资者方面，过去十年间，银行间债券市场先后发展了次级债、短期融资券、企业债、债务融资工具、中期票据等不同品种的债券，并且大幅简化了发行流程，推动债券从审批制向备案制转变。相应的，银行间市场的投资者，也从最早的银行类金融机构，逐步扩大到各类法人主体，以及证券基金、银行理财、保险资管等所有非法人产品。

回顾来看，尽管照金停子沟农贸集市与银行间债券市场交易的品种完全不同，却在建设与发展一个市场这方面的轨迹上有了重合。传承红色基因，不仅要感受其中的精神，更要学习老一辈革命家科学的做法，真正在日常工作中传承和发扬好红色精神。

重温红色记忆，传承红色基因

○ 会计司　王恺

　　入行一年之际，我有幸来到革命圣地陕西照金参加人民银行青年干部主题实践活动。照金在中国共产党党史中占据重要位置，是中国革命精英浴血奋战、经历艰苦而伟大的长征后，将革命力量和革命精神保留下来的落脚点，也是中国革命力量不断积累、不断壮大，领导人民夺取全国胜利的出发点。照金出现在这样一个承前启后的历史节点上，毫无疑问拥有重要的红色故事，蕴含着宝贵的红色精神，我们来到这里，就是为了寻找和重温红色记忆，传承红色基因。

　　传承红色基因，首先必须明白红色基因是什么。第一，我认为红色基因是一种理想信念。七十多年前，刘志丹、谢子长和习仲勋等老一辈无产阶级革命家筚路蓝缕，在白色恐怖的背景下，开创了陕甘边革命根据地，中间在"左倾"错误主义路线的指挥下，遭受了严重损失，照金苏区也告陷落，但是苏区的陷落并没有使革命家的理想信念动摇，在重新确立了广泛开展游击战争、开展深入的群众工作的战略方针后，根据地重新建立，并且更加壮大。因此，理想信念是我们开拓共产主义事业的必要内核，习近平总书记强调："理想信念大于天。"没有坚定的理想信念，在如今越发开放包容的世界里，多元化的思想价值扑面而来，我们就有迷失初心的风险，就有可能出现理想信念之"钙不足"的情况，就可能骨头不硬、脊梁不直，无法肩负起中国特色社会主义的伟大事业。第二，我认为红色基因还是非凡的红色品质。红色品质包括艰苦奋斗，老一辈革命家坚持正确的革命道路，坚持与广大的劳苦大众一起，反对封建主义、帝国主义和官僚资本主义，选择就意味着付出，革命的经济来源只能靠断断续续的缴获和打土豪，即使精打细算也常常捉襟见肘，谢子长烈士在战斗中负伤，没钱购买药物，导致伤口溃烂竟致牺牲，但革命先贤们从未退缩，最终夺取了全国革命的胜利。红色品质包括大公无私，革命的宗旨是为人民服务，解放劳苦大众，革命家忠于党的事业，为党的事业舍弃小我，忍受骨肉分离的有之，忍受天人永隔的有之，忍受敌人迫害的有之，甚至遭受不公对待的有之，但却无怨无悔，无私奉献。红色品质包括廉洁自律，刘志丹烈士当年常反穿一件羊皮袄，主要原因是羊皮袄是有里有面的，但制作这样一件羊皮袄需要用到布料，而布料和羊皮的比价当时太贵，刘志丹烈士认为这样的交换不值得，所以就一直反穿一件半成品，一位地区级的领导人，却连一身普通的衣衫都未穿过，完完全全将宝贵的物资用在革命工作中，这种廉洁自律的精神，让人景仰，令人钦佩。

传承红色基因，重要的是深明意义和具备行动力。当前，我国的经济由高速发展进入中高速增长的新常态，产能过剩、产业和区域发展不平衡、政府和企业杠杆偏高且仍在增长、新的经济增长点仍未找到等经济发展的问题和矛盾尚未得到有效解决，因此，在党中央和国务院的领导下，全国上下着手进行"三去一降一补"的供给侧结构性改革，推动经济健康发展，推进中国特色社会主义事业稳步向前。作为人民银行的员工，在新的时期下，更要高擎理想信念的伟大旗帜，继承革命先贤的优秀品质，坚定社会主义道路自信、理论自信和制度自信，坚决按照党的政策方针、人民银行履职要求和本部门的安排部署积极完成各项本职工作，为国家的经济和金融事业发展贡献自己的力量。行胜于言，伟大的事业需要不竭的行动力。一是坚定理想信念。继承为共产主义事业奋斗终生的信念，并赋予理想信念以时代精神，认识到经济金融事务的复杂性和反复性不断提升的特点，既注重埋头苦干，也要以高度的责任感和使命感，灵活巧妙但不忘目标地巧干，坚定不移地向着胜利彼岸前行。二是强化革命意志品质的培养。遇到任何艰难险阻，都要敢啃硬骨头、敢涉险滩，为革命事业无畏奋斗；在任何时候都以国家和人民的利益为上，始终做到无私奉献；同时更要牢固树立纪律规矩意识，坚决做到严于自律，为构筑党的战斗堡垒做一块坚定的磐石。

我们都是长在红旗下的革命青年，流淌在我们身体里的是红色血液，萦绕在我们脑海中的是红色记忆，潜藏在我们身体里的是红色基因，我们要挖掘她、弘扬她、信仰她，继承伟大的革命精神，为实现伟大的革命理想不懈奋斗！

坚定信念，艰苦奋斗

○ 会计司 李赞

金秋九月，中国人民银行机关58名青年干部齐聚一堂，在陕甘边照金革命根据地举行为期一周的红色教育实践活动。陕甘边照金革命根据地是刘志丹、谢子长、习仲勋等老一辈无产阶级革命家在西北地区创立的第一个山区革命根据地，是革命先辈们曾经浴血奋战过的地方，在这里开展红色教育实践尤其具有重要意义。

在这里，我们开展了丰富多彩的活动，深刻学习和感受老一辈革命家们的奋斗历程，收获知识和心灵的洗礼。在这里，我们近距离聆听马行长讲授红色金融历史，倾听铜川市委党校陈建宏副教授讲解陕甘边照金革命史，增进了对人民银行历史和陕甘边区革命史的理解；在这里，我们重走红军路，参观陈家坡，攀登薛家寨，沿着革命前辈的足迹用心体会革命事业的奋斗历程；在这里，我们学习了解扶贫工作情况，深入乡村开展实地调研，切身体会农村的艰难与农民的艰辛；在这里，我们举办演讲比赛，大家结合各自的经历畅谈入党初心，用心铭记那份沉甸甸的责任。

在这里的所见所闻，让我强烈感受到老一辈革命家对于争取革命胜利的坚定信念和艰苦奋斗的可贵品质。或许有人会问，在物质生活水平不断提高的今天，是否还需要坚定理想信念，艰苦奋斗？答案无疑是肯定的，因为无论是从历史的传承，还是现实的必要性来看，坚定理想信念和坚持艰苦奋斗都是非常重要的。

古人云："志之所趋，无远弗届，穷山距海，不能限也。志之所向，无坚不入，锐兵精甲，不能御也。"意思是志向所要到达的地方，即使是山海尽头，也不能够限制。意志所向，没有不能攻破的壁垒，即使是精兵坚甲，也不能抵抗。具有五千年悠久历史的中华民族，从来都不缺乏顶天立地的豪迈慷慨之士。越王勾践，卧薪尝胆，三千越甲可吞吴；三国名臣诸葛亮，鞠躬尽瘁，赤胆忠心照后人；汉朝司马迁，忍辱负重，长篇史记耀光辉。近代中华民族的崛起历程也是一部震撼山河的奋斗史。新中国成立时期，革命前辈们不畏艰难，百折不挠，带领人民浴血奋战，最终取得民族独立的伟大胜利；社会主义建设时期，党的几代领导核心带领人民奋发图强，为改变国家一穷二白的现状勇挑重担，艰苦创业，社会主义建设事业取得举世瞩目的成效。历史先贤们为我们创造了矢志不渝、艰苦奋斗的表率，党员前辈们为我们树立了坚定信念、励精图治的榜样，和平年代成长起来的我们，没有理由不去传承和发扬前辈们艰苦奋斗的精神。

在社会发展已经取得丰厚物质基础的今天，坚定理想信念、艰苦奋斗仍然具有很强的现实必要性。首先，从总量上看我国已经是世界第二大经济体，2015年GDP总量已达到67.67万亿美元，仅次于美国；但是从人均水平来看，我们离发达国家还有较大差距，2015年我国人均GDP约为8 000美元，离美国、德国、日本、英国等发达国家3.7万美元以上的水平仍相差很多。其次，我国经济发展结构不平衡，一、二、三产业之间，城乡之间，区域之间发展仍然很不平衡，贫困问题依然突出。在中西部地区、在农村地区还存在很多贫困家庭，他们生病了没有钱医治，考上了大学没有学费，房屋破损了没有资金修缮，他们在医疗、教育和房屋等问题上还远远得不到保障。经济发展水平上的差距和人民生活水平的落后，警醒我们还需要埋头苦干，迎难而上，必须通过几十年如一日的矢志奋斗，才能实现民族复兴和人民幸福安康。

古人云"纸上得来终觉浅，绝知此事要躬行。"坚定理想信念，坚持艰苦奋斗要与自己的工作紧密结合。作为会计司的一名"新兵"，这一年来我深切感受到前辈们的爱岗敬业与艰苦奋斗精神。为实现会计财务工作对央行履职的有效支撑，同事们勤勤恳恳、兢兢业业，一方面认真细致完成日常会计财务工作，另一方面攻坚克难，着力解决央行财务工作的各种难题，用实际工作为我树立了表率。2016年9月，杨司长带领我们去西藏调研，我们走访了日喀则市定结县5个驻村点，并在拉萨中支与日喀则市中心支行进行了实地调研。驻村点同事们在恶劣的工作环境下，依然热情高涨，艰苦奋斗，为村里办了许多实事，为群众谋了很多福利，他们的不畏艰难，他们的勤勉认真，他们的甘于奉献，值得我们好好学习。

梁启超先生曾言："少年智则国智，少年强则国强，少年进步则国进步。"作为央行的青年一代，前辈们已为我们打下了良好的基础并作出了表率，我们应学会将远大的理想信念和艰苦奋斗的态度结合起来，在喧嚣的世界中耐得住寂寞，守得住淡泊，从小事做起，从基础做起，用实实在在的行动创造实实在在的业绩，在千磨万击中历练人生、收获成长。

弘扬照金精神，传承红色基因

○ 国际司　孔繁潇

陕甘边照金革命根据地是20世纪30年代初，刘志丹、谢子长、习仲勋等老一辈无产阶级革命家在西北地区创立的第一个山区革命根据地。照金革命根据地的建立，犹如插入敌人心脏的一把钢刀，点燃了西北民主革命的火种，无数仁人志士曾在这里抛头颅、洒热血，为革命英勇捐躯，为后来陕北革命根据地的建立创造了条件，在中国革命史上留下了光辉的一页，也铸就了伟大的西北根据地革命精神——照金精神。

照金精神的内涵主要包括实事求是的求实态度、密切联系群众的工作作风、坚韧不拔的革命意志、独立自主的创新精神和勇往直前的民族精神。照金精神是中华民族精神的重要组成部分，是中国共产党的宝贵精神财富，是社会主义文化建设的精神资源，是加强西部大开发和建设西部经济强省的强大精神动力。

正如习近平总书记所说："牢固的核心价值观，都有其固有的根本。抛弃传统、丢掉根本，就等于割断了自己的精神命脉。"照金精神是我们党红色基因的组成部分，是我们不能抛弃的传统、不能丢掉的根本。2015年初，习近平总书记视察照金时指出："照金精神在今天也非常实用，过去能在照金落脚，就是因为赢得了群众的支持，如果今天我们依然这样，那中国的事业将固若金汤。"在改革开放取得巨大成就、改革进入深水区的今天，弘扬照金精神、传承红色基因、做合格共产党员，更具重要现实意义。弘扬照金精神、传承红色基因为广大党员干部和人民群众的精神家园建设提供源源不断的精神养分，为协调推进"四个全面"、实现"中国梦"凝聚强大动力、筑牢精神支柱。

弘扬照金精神，就是要对党忠诚、坚定理想信念。刘志丹牢记宗旨，出征前，曾对夫人说：我要用死来证明对党没有二心；牺牲时，让政委继续指挥战斗，没有提及家庭。在开创以照金为中心的陕甘边革命根据地过程中，刘志丹、习仲勋等一批领导者，面对"左"的错误干扰、国民党当局的"围剿"、中共陕西省委遭受破坏、与上级失去联系等艰难，凭着理想、信念的支撑，按照实事求是的思想路线，不畏艰难险阻，独立自主地巩固和发展根据地。今天，面对复杂的国际国内形势，每个共产党员都要解决好对党忠诚的问题，以站稳立场，明确前进方向，为民族复兴贡献力量。

弘扬照金精神，就是要践行党的宗旨，敢于担当，善于开拓奋进。共产党最讲奉献、牺牲的政治品格。当年，刘志丹、谢子长、习仲勋不计个人职务得失，多次被剥夺领导职务，刘志丹、习仲勋甚至被关押。但是，他们始终以党的利益为重，不改初心，坚持为理想而奋斗。谢子长1935年2月因伤病不治逝世，临终前，只遗憾为人民做的事太少了。做合格党员，就要时刻不忘初心、不忘肩上的责任，始终保持共产党人的优良作风，保持开拓进取的精、气、神，把毕生精力乃至生命贡献给党的伟大事业。

弘扬照金精神，就是要注重实践。红色基因来自我们党带领人民进行革命和建设的伟大实践，实践也是传承红色基因、培育和弘扬社会主义核心价值观的重要途径。换言之，传承红色基因不能仅仅推出一批无声文字和有声作品，还应将其融入人们日常的学习、工作、生活中，真正使之内化于心、外化于行。

照金精神同其他革命精神一样，是党的传家宝。当年，这种精神鼓舞着革命前辈为民族解放、国家独立而英勇奋斗；今天，每一个共产党员依然要传承这种红色基因，为实现"中国梦"而努力奋斗。

在社会主义现代化建设新时期，我们要学习刘志丹、谢子长等老一辈中国共产党人的优秀品质和革命精神，努力为实现共产主义社会而奋斗。我们要以"三个代表"重要思想为指导，坚持立党为公、执政为民，坚定不移地走建设有中国特色的社会主义道路，坚定共产主义理想信念，始终代表最广大人民群众的根本利益，为实现中华民族的伟大复兴而努力奋斗！

红色小镇话传承

○ 人事司　余海平

　　"南有瑞金，北有照金"。未曾踏足之前，我对照金的记忆是模糊的，隐约间曾记得之前翻阅过的一本书中曾记载在此处，刘志丹、谢子长、习仲勋等老一辈共产党人建立了西北地区第一个山区革命根据地，在中国革命的胜利过程中发挥了不可替代的作用。借着此次"重温红色记忆·筑梦青春央行"青年干部主题学习实践活动这个千载难逢的机会，我有幸踏上了照金这片风景秀丽的红色土地。在渭北高原的桥山山脉南端，湛蓝无垠的天空下，一片片红砖白墙、恢弘大气的庄严建筑背倚着层峦叠嶂、葱郁连绵的群山，错落有致，仿佛一座现代欧陆风情小镇，这就是有着"日照锦衣、遍地似金"美名的现代化红色小镇——照金。

　　谁能想到就在这座别致的小镇背后蕴藏着传奇、镌刻着历史呢。就在八十多年前的此地，同样是青山、绿水、蓝天，少了别有风味的小镇，也少了欣赏风景的心情。老一辈革命家们在这片环境优美但条件恶劣，物资严重匮乏的土地上，倾注无数心血，洒下无数热血，抵挡住了敌人一次又一次疯狂的围剿，为红军的漫漫长征路提供了落脚点，为八路军奔赴抗日战争前线提供了出发点，更是为星星之火的成功燎原埋下了宝贵的革命火种。驻足陈家坡，攀登薛家寨，参观纪念馆，看着那一页页泛黄的文字手稿和遗存的饱含沧桑的器械物品，仿佛又回到了那个战火纷飞的年代，先辈们在悬崖陡壁之间徒手攀登只为能抢得战争的主动权，在枪林弹雨之中浴血奋战只为能守护这养育了几代人的黄土地，在万丈悬崖之前纵身一跃只为相信这只是黎明前的黑暗，革命的火种终将燎原。这就是饱含沧桑历史的照金，这里的每一座山都有着英雄的记忆，这里的每一寸土地都浸染着烈士的鲜血，这里的每一缕阳光都拥有着红色的气息。

翻开照金的革命史画卷，回首那可歌可泣的峥嵘岁月，究竟是什么力量支撑着一批批共产党人前仆后继，不惧牺牲？是共产主义的理想和革命必胜的信念，是对党忠诚、信念坚定、不畏艰险、勇于牺牲、依靠群众、团结务实的"照金精神"。正是这种信念，这种精神，托起了中华民族不屈的脊梁，化为了历史长河中不可磨灭的红色基因，在一代又一代共产党人之间传承。

红色基因的传承没有休止符，这份传承在美丽的照金小镇里徜徉。红色的小镇里，那平坦宽敞的马路、干净整洁的商铺、错落有致的屋舍、安居乐业的百姓，构成了一幅优美和谐的风景画，似乎在向高高耸立的英雄纪念碑，在向英勇牺牲的革命先烈们致敬，他们为之毕生奋斗的目标终已实现，我们的国家正在不断地朝着繁荣富强的目标迈进。薛家寨、陈家坡会议遗址、纪念馆，照金人将那个艰苦革命岁月的记忆与小镇完美地结合在一起，并以一种崭新的方式演绎诠释了革命年代的照金精神，让每一个来到这个小镇的人都能够了解中华民族伟大复兴的来之不易，让照金精神弘扬传承，让革命事业薪火相传，血脉永续。

红色基因的传承没有休止符，这份传承在辉煌的金融史上谱写。都说枪杆子里出政权，但枪杆子又怎能少得了钱袋子的支撑呢。在那个战火纷飞的革命年代，我们的老一辈红色金融家们在人、财、物样样匮乏的情形下凭借着艰苦奋斗、开拓进取、无私奉献、廉洁奉公的优良传统作风，拿着账本和算盘，建章立制，锱铢必较，为冲破敌人经济封锁，推动根据地经济建设，保证后方稳定作出了重要贡献，为中国的革命事业赢取了生存和发展的资本。革命的硝烟已经远去，但红色金融的精神在一代代央行人之间口口相传，铭记于心，并时刻践行着。随着金融业在国计民生和社会主义现代化建设中扮演着愈发重要的角色，身为央行人，我们更要不忘历史，继往开来，勇敢地担负起国家金融深化改革的伟大使命，赓续央行人特有的红色血脉基因。

红色基因的传承没有休止符，这份传承在每一个共产党人的血液里流淌。兴许和平繁荣的年代更容易懈怠，兴许那个危机深重但充满热血的革命纯真年代已经离得太过久远，时下，有少数意志薄弱的共产党人出现了不同程度的思想迷茫，更有为了个人的蝇头私利，丧失了信仰和底线，忘掉了家和国的情怀，抛弃了当年宣誓时对党和人民的承诺。而这，恰恰是因为他们对历史的淡忘，对红色基因的漠视，殊不知没有当年千千万万的革命先烈为抵御外侮，为实现民族的独立解放，抛头颅、洒热血，哪来我们如今的幸福生活，哪有给他们享乐牟利的机会。忘记历史，就意味着背叛，也必将被历史和人民所抛弃。革命胜利来之不易，千秋伟业筚路蓝缕。在这个伟大的变革时代，中华民族伟大复兴的中国梦圆梦在即，但越是如此越是应怀如履薄冰之谨慎，我们每一个共产党人都应做到不忘初心，牢记红色历史，让那些经历了血与火熔炼的红色精神指引着我们去拥抱新的时代，谱写新的辉煌；传承红色基因，让红色基因永不褪色，代代相传。

不忘初心，传承红色基因

○ 金融研究所　陈华

红军长征的终点是陕甘苏区，而起点是闽赣中央苏区。我生长于闽西革命老区，从小就在一系列的红色记忆中成长。长辈告诉我，在闽西，毛泽东、朱德、周恩来、陈毅等老一辈无产阶级革命家统一了思想建党的认识，确立了党指挥枪的原则，坚定了星星之火可以燎原的革命信念，开创了党的群众路线的先河。闽西成为毛泽东思想重要发祥地，涌现了邓子恢、张鼎丞、陈丕显、杨成武、刘亚楼等一批杰出的闽西儿女，共同书写了共和国从救亡到复兴的伟大篇章。在闽西，闽西人民"听党的话，跟党走"，八万长征红军两万闽西子弟兵，当长征胜利抵达陕北时，闽西籍红军总人数只剩下3 000余人。

此次我行"重温红色记忆·共筑青春央行"青年干部主题实践活动，让我进一步激活了身体里的红色基因，坚定了革命信念。活动中，我们先后瞻仰了陈家坡会议遗址、薛家寨、照金革命纪念馆、革命烈士纪念碑等。陈家坡会议，西北革命中的"遵义会议"。马灯广场上伫立的马灯象征着陈家坡会议照亮了革命前进的道路，指引着陕甘边红军走向胜利，走向辉煌。薛家寨，壁立千仞，悬崖峭壁上依然留着厚重的红色革命印记，刘志丹、谢子长、习仲勋等老一辈革命家在这里创建了西北地区第一个山区革命根据地——陕甘边革命根据地，点燃了西北革命斗争的烽火，在中国革命史上留下了光辉的一页。照金革命纪念馆陈列着刘志丹、谢子长、习仲勋等老一辈革命家使用过的枪支、衣被、油灯及生活用品，再现了渭华起义、"两当兵变"、陈家坡会议等激情燃烧的革命岁月。

重温红色记忆，就是要不忘记我们党"从哪里出发，为什么出发"的初心，不忘记共产党人一心一意为民谋福利的赤子情怀。

一是不忘革命前辈们信仰坚定的高尚品格，做政治上的明白人。一个人要有政治信仰并不难，难的是为了人类最美好最崇高的信仰，处顺境而不骄矜，处逆境而不消沉，处困难而思奋进。在风雨飘摇的时代，刘志丹、习仲勋等同志在漫漫长夜中摸索，寻找救国救民的革命真理。他们孜孜不倦地学习马列主义，并投身于革命斗争的实践。在大革命失败后的白色恐怖下，不消沉、不气馁，积极开展兵运，发动"两当兵变"，冲破千难万险，创建了陕甘边革命根据地。即使在受到不公正对待的时候，刘志丹、习仲勋等革命前辈们始终顾全大局，始终对党的事业充满必胜信念，表现出一个优秀共产党员对党的事业的无限忠诚。

二是不忘革命前辈们实事求是的革命品质，做发展道路上的探索者。在开创以照金为中心的陕甘边革命根据地过程中，刘志丹、习仲勋等一批领导者，面对"左"的错误干扰、国民党当局的"围剿"、中共陕西省委遭受破坏、与上级失去联系等艰难，凭着理想、信念的支撑，按照实事求是的思想路线，不畏艰难险阻，独立自主地巩固和发展根据地。

三是不忘革命前辈们"从群众来，到群众中去"的工作作风，做群众的贴心人。刘志丹、习仲勋等同志牢牢掌握党的群众路线，不论是在对敌斗争中，还是在根据地建设中，都坚持从实际出发，一切为了人民群众，既赢得了人民的信任和支持，也保障了根据地的发展巩固。在根据地设立列宁小学，帮助农民学习文化；设立医院，为军民服务；建立集市贸易，便于军队和群众生活；设立"公田"，减轻群众负担；设立军政学校，培养军政干部；等等。从实际出发、密切联系群众的工作作风，是陕甘边根据地赢得人民、克敌制胜的根本保障。

不忘初心之后，则是做红色基因的传承者。老一辈革命家身上不怕牺牲、顽强拼搏的英雄气概，信仰坚定的高尚品格，实事求是的革命本质，从实际出发、密切联系群众的工作作风，是我党宝贵的精神财富，是建设社会主义核心价值体系的重要精神资源，是新时期推动改革发展的巨大精神动力。我们要沿着革命先辈的足迹，进一步传承好传统、弘扬好作风，高举旗帜，坚定信念，抢抓机遇，为实现"中国梦"而努力奋斗。

饮水思源，以古照今

——传承红色基因

○ 金融研究所　宋阳

　　不懂历史的人没有根，淡忘历史的民族没有魂。透过历史，我们才能看清未来。正是中国共产党红色基因的代代相传，我们的国家才能从无到有，日益富强。对于一种精神的传承，继承和发展才是必由之路。唯有此，才能将我们的伟大事业推向新的高点，实现我们的复兴之梦。

一、回顾历史，继承优良革命传统

　　通过现场学习与交流，我有幸又一次深刻体会到了革命事业的艰辛以及老一辈革命家对革命斗争的坚定意志。以前只对井冈山革命根据地的发展有所了解，而对陕甘边革命根据地知之甚少，仅仅知道它是红军长征的落脚点。通过这次学习我才了解到它其实是刘志丹、谢子长、习仲勋、李妙斋、王泰吉、高岗等老一辈无产阶级革命家在西北地区创立的第一个山区革命根据地，对于全中国的革命形势来说，具有十分重要的战略意义。在这几天的学习中，根据地建设的艰难给我留下了深刻的记忆，尤其是在攀爬了薛家寨之后，薛家寨革命旧址位于陕西耀县照金镇，处于桥山山脉南端，海拔1600多米。看到山寨地势之雄奇，不难想象当时游击队员与反动派战斗时的激烈场景。令人意外的是，革命队伍在如此险峻之地竟然也建起了军医院、军械厂、被服厂、仓库等后勤保障单位，各种哨卡、战壕、碉堡等也一应俱全，展现出了游击队一流的战斗素养和一丝不苟的战斗作风。可以说同其他根据地一样，在极其艰难的战斗环境下，根据地的战士们已将各种战斗资源最大化利用，这不仅体现出革命意志的坚定，也是共产党人集体智慧的展现。相信只有具备坚定的无产阶级革命意志和对斗争战略的清醒认识才能在如此环境下坚守到革命的最终胜利。

在几天的参观学习中，我们也对习仲勋同志在陕甘边革命根据地建设中的巨大贡献有了深入的了解。他自从走上了革命的道路以后，实际上也经历了众多的挫折，而他依然不被困难所折服。在"两当兵变"失败以后，继续寻求革命的新出路，他总结革命的经验，认识到发动群众建立革命队伍和根据地的重要性。同时，在参与领导渭水苏区革命实践中，习仲勋同志获得了发展根据地的初步经验，并开始了对"左倾"错误教训的理论思考。此外，习仲勋从根据地建设的实际出发，为探索中国革命道路作出了特有贡献：首先，以建立和发展严格的党组织体系为突破口，确立革命发展的核心力量和基本框架；其次，以政治建设为灵魂，整顿和发展革命武装，形成革命发展的基本支撑和战略力量；再次，以梢林为割据中心区，并实行多区域呼应发展，形成特有的根据地发展模式；最后，以社会改造为动力，因地制宜推动根据地建设，建立革命发展的广泛社会基础。在了解了习仲勋同志的丰功伟绩之后，我感到领导革命光靠单纯的革命热情是远远不够的，还要有冷静的分析能力以及灵活的应变能力，从而在复杂的革命斗争中占据主动。

二、与时俱进，让优良传统绽放新的精彩

作为红色基因的传承者，我们更多的是要想到如何将老一辈革命家流传下的优良传统在我们这个时代结出新的果实。尽管时代在变，面临的社会矛盾在变，但红色革命的精神永驻，无产阶级革命的基因将一代又一代地传承下去，为我们国力的提升保驾护航，为人民生活的改善提供动力。我认为红色基因中最鲜明的特质在于对真理的探索与坚持以及对形势的预判和冷静分析，这不仅对建设民主富强的国家十分必要，即使在我们的日常生活中也十分有用。富强的国家一定会使得一个个家庭充满欢乐，充满幸福的家庭才能体现出国家的进步，国富民强才是我们追求的一致目标。通过这次具有实践意义的学习，我再一次感受到了信仰对于国家、对于个人的重要。同时我也相信红色基因必将是实现国家强大和人民幸福安康的共同根基。作为一名普通的工作者，我要坚定地在自己日后的工作和生活中将红色基因传承下去，做一名对国家和家庭有用的人。

行程万里　不忘初心

　　2016年秋，有幸来到陕西省铜川市照金镇，参加人民银行机关团委组织的"重温红色记忆·筑梦青春央行"青年干部主题学习实践活动。初到小镇，即深深震撼于景色之优美，规划之齐整。难以想象，在几年之前，照金还只是一个晴天土、雨天泥、污水垃圾四处可见的落后小镇。照金翻天覆地之变化，体现出怎样一种精神，听完马行长、陈建宏教授关于红色金融、红色照金的授课，才深有所悟。

　　照金是西北革命根据地和陕甘宁边区的发祥地，地处战略要冲，刘志丹、谢子长、习仲勋等老一辈革命家曾在此浴血奋战。以照金为起点，革命先辈们历经坎坷，披荆斩棘，最终成功建立了土地革命时期唯一保留完整的一块革命根据地——西北根据地，成为长征胜利的"落脚点"和"出发点"。在照金，西北红军不断壮大，照金革命的成功与失败，为西北革命提供了宝贵的经验，培养出一大批杰出的革命人才。红色照金在中国革命史、中共党史上写下了光辉篇章。在照金的革命战争中，革命先辈们付出了巨大的牺牲，也验证了我党的红色传统或者红色基因，即"和人民血肉相连，永远不会被敌人打垮"。革命先辈在照金的探索，是马克思主义理论在中国的有效实践。照金的成功，再次印证了马列主义可以在中国土地落地生根；照金的挫折，让我们认识到革命的道路必将是曲折的，但前途必将是光明的。

同样，红色基因同样存在于人民银行。中国的红色金融随着红色政权的建立孕育而生。1931年，在江西瑞金召开的"全国苏维埃第一次代表大会"上，通过决议成立"中共苏维埃共和国国家银行"。次年，苏维埃国家银行成立，在当时恶劣的环境下，国家银行成立之初就面临着缺人、缺物、缺银行制度等重重困难。毛泽民等革命先辈呕心沥血，忠实执行中共苏维埃政府的金融政策，有效开展了货币发行、吸储放贷、金银兑换、债券发行的一系列工作，为根据地建设作出了重大贡献。新中国成立以后，经整合成立的中华人民共和国中央银行——中国人民银行，继承和发扬革命红色精神，忠诚于党，初步建立了国家银行体系，通过稳定币值、宏观调控等手段，为新中国成立后国民经济的恢复和发展贡献力量。改革开放以来，在党中央、国务院的领导下，中国人民银行逐步建立健全现代中央银行制度，在实施宏观调控，维护人民币币值稳定，促进经济可持续发展，防范化解系统性区域性金融风险等方面发挥着越来越重要的作用。

无论是红色照金，还是红色央行，贯穿其中的，正是一代代优秀共产党员薪火传承的红色基因，这是一种坚定信念、目光远大的精神，不为一时得失而动摇，目标清晰，方向明确；这是一种密切联系群众、无私奉献的精神，以群众利益为首要，勇于吃苦，先人后己；这是一种保持忠诚、爱党爱国的精神，主动维护党和国家利益，忠诚于人民，高度纯洁；这还是一种不怕牺牲、勇于胜利的精神，在革命先驱的标榜下，敢于为社会主义事业奉献生命，自信必将取得马克思主义的最终胜利。

时代在进步，今天，我们很可能不需要再像革命先辈那样付出鲜血乃至生命。但是，忘却就意味着背叛，面对蒸蒸日上的社会主义事业，面对革命先烈们用鲜血乃至生命换来的繁荣稳定，面对改革开放和市场经济的大潮，面对国民经济发展转型和人民币国际化的大趋势，作为新时期的央行人，我们一定要缅怀革命先辈的英雄事迹，弘扬艰苦奋斗、求真务实的精神，增强责任感和使命感，用无产阶级的人生观、世界观武装自己，找到自己准确的人生坐标和价值取向。我们必须加强理想信念教育，加强辩证唯物主义和历史唯物主义教育，真正把理想信念牢固建立在马克思主义的科学基础上，坚定不移地走中国特色社会主义道路，坚持勤奋学习，坚持以人民利益为核心，兢兢业业履行央行职责，为维护金融稳定、促进经济发展转型、人民生活水平提高，竭尽全力作贡献。

不忘初心，继续前行。将红色传统铭记于心，践行于实，让"照金星火"在一代代央行人的热情焰火中生生不息。

照金感怀

九月，在这里感受照金精神

○ 机关事务管理局　牛耀文

九月果香，九月菊黄。踩着九月的尾巴，中国人民银行入行一年多的青年干部们，来到照金"重温红色记忆"。

照金，因"日照锦衣，遍地似金"而名传天下。以薛家寨为中心的照金革命旧址是刘志丹、谢子长、习仲勋、李妙斋等老一辈无产阶级革命家创建的我国北方地区第一个山区革命根据地，素有"南有瑞金，北有照金"之称。我们在照金寻觅革命足迹的第一站，就是以"雄险"著称的薛家寨。

薛家寨处于桥山山脉南端，海拔1 606米，中心地带壁立千仞，地势十分险峻。山寨形似葫芦，南接箭穿崖，东连黑田峪，北倚李家山，西邻绣房沟，为三面绝壁之舌状狭长山岭。山坡灌木丛生，仰视不见寨形，细看仅见草丛小道。整座山寨走势雄奇，军事上易守难攻。山顶上有4个岩洞，分别设立了军医院、修械所、被服厂、仓库等后勤单位，在重要隘口还建了寨楼、堞墙、战壕、哨卡、碉堡、吊桥等军事设施。当年的薛家寨，仅西北侧有羊肠小道盘旋可至山顶，真可谓"一夫当关，万夫莫开"。

循着寨前的登山阶梯，我们开始了薛家寨的发现之旅。这条"红军路"位于两山之间的夹缝，平均坡度45度，最陡处可达75度。仰望陡峭的石阶，近乎垂直的路径快要让人窒息。紧抓着路旁的铁索，手脚并用，既要努力抬起越来越沉重的腿脚，又得绷紧臂膊去保持身体的稳定。几十级台阶过后，清凉的树荫也无法阻挡如雨的挥汗。更有回顾身后的陡峭生出的恐惧，催促着冷汗搅混着肢体上的尘土而"泥石俱下"。这不过是后人修建的游道，当年的革命先辈们哪有保险绳般的铁索护行，他们历经的辛苦和凶险数倍于我们的体验式攀爬。在这里，我们切身感受到了革命先辈们的勇敢无畏。

收获成功登顶的喜悦，带着好奇与敬意，我们参观了山顶上的四个寨子。与想象中的大有不同，这些由岩洞改造成的寨子并不宽敞，有些甚至低矮狭窄难以容身。但是，就是这样简陋的天然"房舍"，却为陕甘游击队和红二十六军提供了救治伤员、制造军械、囤积储备的重要空间。红二十六军驻地所在的四号寨子，充分利用了悬崖峭壁的天险，还能够为指挥部提供最开阔的视野，便于领导人随时调整攻守策略，正是薛家寨的核心和中枢所在。麻辫手榴弹，制作材料有麻绳、铜片，甚至有蛋壳，可是它的投掷距离远，攻击范围广，在实战中具有非常大的杀伤力。在这里，我们充分感受到了革命先辈们的智慧与灵巧。

当天，我们还参观了陕甘边革命根据地照金纪念馆，瞻仰了纪念碑。走进展厅，仰头便看见镶嵌在上的一面大大的党旗，伫立片刻，心中油然再添敬仰之情。跟随讲解员，听着她详细且有条理的讲解，看着一件件经过革命洗礼的陈列品，我们仿佛回到了那个时空，亲睹着革命先辈们穿梭于丛林崖壁之间和敌人斗智斗勇、浴血奋战的英姿和豪情。手工步枪、自制手枪、"伪造"大炮，艰苦的革命条件背后，是革命先辈们和广大人民群众齐心协力共渡难关的决心和勇

照金感怀

气。吃着粗粮窝窝头，穿着草鞋，睡着山洞，彻夜奔波，是革命先辈们为了让人民群众早日摆脱苦难的生活而甘愿承受的磨难。投豆子到大碗来进行选举，打土豪分田地来分享革命果实，是革命先辈们带领人民群众实践民主、保障民生的最好体现。在这里，我们深刻感受到了革命先辈们对人民群众的团结与依靠。

陕甘边革命根据地是刘志丹、谢子长、习仲勋等共产党人把毛泽东武装割据思想与陕甘边地区具体实际相结合的光辉典范。革命先辈们在照金浴血奋战，开辟红色热土，形成了独特的照金精神——不怕牺牲、顽强拼搏的英雄气概；独立自主、开拓进取的创新勇气；从实际出发、密切联系群众的工作作风。我们缅怀革命先辈，弘扬照金精神，就是要在新时期坚定不移地以人民利益为最高宗旨，求真务实，勇于创新，开拓进取，为实现民族复兴的中国梦而努力奋斗。作为人民银行的一分子，我们在今后的工作学习生活中，也要时刻以照金精神为引领，锻造坚韧不拔的意志、拓展勇于创新的智识和培养服务人民的情怀；将个人的抱负与党和国家的需要联系起来，在成就小我的人生路上不忘报效国家的初心；把五大发展理念融入到日常的点点滴滴，向着筑梦青春央行的目标而矢志前进。

有一种力量，叫信仰

○ 机关事务管理局　赵若彤

　　感谢机关团委的照金红色主题实践活动。来到照金，感受照金，感悟照金精神，短短几天时间里，从参观陈家坡会议旧址，到重走薛家寨，再到瞻仰陕甘边革命根据地英雄纪念碑，让我们仿佛回到了1933年那个战火纷飞的岁月，仿佛看到了我们的革命先烈在屡次被围剿，革命条件极其匮乏的情况下的那份坚定信仰！这份信仰，于我们年轻一辈来说将会是未来工作的领航灯，我们会不忘初心，继续前行，用恪尽职守、脚踏实地的工作态度去坚守和践行这份红色信仰！

　　在我们的身边，有许多传承红色基因的时代先锋，他们以自己的言行向世人展示了党性的温度，展示了红色基因的力量，展示了红色信仰，展示了革命传统的时代特色与信仰力量的新高地。在他们身上我们能找到一种永不褪色、催人奋进的精神力量。

　　回想祖辈们的艰难抗战路，眼眶便不自觉地被打湿，耳中满是中华战士们那充满力量的咆哮和怒喊之声，心中也好似有一团烈火在激愤中燃烧。"喜看稻菽千重浪，遍地英雄下夕烟"。汗洒疆土只为民之安乐，伤痕若揭只为国之兴起，枪声、炮声、泪血声，忘不掉的抗战岁月，挥不去的兴国神话。他们，只为了国；他们，亦为了民。今天，我们之所以能够收获丰厚的稻菽，全是因为抗战英雄们在前线不惧死亡，用自己的血汗将"偷盗者"阻挡在了围栏之外。二万五千里漫漫长征路，他们是风雨中那屹立不倒的擎天柱，支撑着祖国的山河，不显一丝颓势。食过皮带，啃过树皮，饮过泥水，只为躲避敌人，积蓄更多力量。这是对革命理想和事业的无比忠诚以及坚定的信念，也是不惧死亡、敢于胜利的无产阶级乐观主义精神，更是一种团结互助，百折不挠，勇往直前的中华民族精神，这就是永不过时，我们永远都需学习和发扬的红色精神。正是这崇高的信仰，才造就了中国工农红军这样铁一般的军队，他们激情万丈、前赴后继、视死如归。正是这崇高的信仰镌刻在我们的生命里，变成了性格，变成了骨血，经过了百炼变成了钢铁！正是这崇高的信仰，让中国共产党由一个组织名词变成了一种精神，形成了强大的力量，锻造了一个民族，成长了一个国家。

还记否？那场令所有炎黄子孙都为之心痛的"5·12"汶川大地震，它夺去了多少汶川同胞的生命和健康，震塌了多少那被人称作"家"的房屋。但再大的苦难也抵挡不住中华民族这面屹立不倒的高墙和中华儿女前仆后继的爱国爱民之情。它让我们看到了"众志成城"的动人场面，它也让我们感受到了那种团结一心，百折不挠的抗震救灾精神。

还记否？那场令无数中华儿女都为之骄傲和自豪的北京奥运会，激起了多少颗为之动容的心，扬起了多少个为之奋斗的魂。它让我们看到了中华的崛起和国力的日渐强大，它也让我们感受到了那种坚持不懈、运动不止的北京奥运精神。

还记否？那场令所有华夏子孙都为之疯狂和激动的太空旅行，它实现了多少仁人志士的航天梦想，完成了多少祖辈们一生的追求和渴望。它让我们看到了"坚持就是胜利"的不败箴言，它也让我们感受到了那种自强不息，顽强拼搏的载人航天精神。

忘得掉的是岁月，忘不了的是历史。盖得住的是皱纹，藏不住的是印迹。我们都处在岁月的长河中，记忆难免有时候会被奔腾的河流和飞卷的沙石所冲淡和埋藏，但我们的心却注定是与祖国相连，将所有有关祖国的历史和精神都封存在我们的心里。在未来的道路上，我也会继续将红色精神和红色基因好好地发扬，做一名有担当、有抱负、有梦想的中国人。

传承红色基因，要内化于心、外化于行。内化于心，离不开毫不松懈地学习，学党章党规、学总书记系列重要讲话，常给自己补补钙，打打预防针，增强防腐拒变能力。学业务知识，把握工作主动，跟上时代步伐，促进事业发展。拒绝学习，就是拒绝成长。外化于行，就是要把红色基因浸透到日常点滴，浸透到工作细节。做好红色基因的坚定实践者，从自己做起，从现在做起，在实践中积累经验，深入钻研、熟练掌控，在平凡的岗位上干出不平凡的成绩，以抓铁有痕、踏石留印的干劲全心全意为人民办实事。

学习红色历史，传承照金精神

○ 反洗钱中心　冯于珂

习近平总书记在庆祝中国共产党成立95周年大会上的讲话中，曾十次提到"不忘初心，继续前行"。作为一名中国共产党员、青年干部，不能遗忘的初心不仅是个人的理想追求，更是我们党伟大的革命历史和老一辈革命家崇高的精神品质。此次来到照金，行领导为我们青年干部安排了丰富的课程，用影音资料、专题讲课、体验教学等丰富而生动的方式，将几十年前发生在照金这片红色热土上那段艰难斗争的光辉岁月呈现在我们面前。这里的照金精神，与中国共产党的其他精神一脉相承，值得我们青年干部认真学习领会，并将之传承下去。

照金精神，是不畏艰难、吃苦耐劳的精神。今日我们的队伍攀上了陕甘边革命根据地旧址——薛家寨。这里曾是唐代薛刚屯兵练武的地方，四个山洞皆处于悬崖峭壁之上。当年的红军游击队把这里作为营地，因地制宜，将这仅有的四个山洞规划利用起来，开发成既岗防兼备，又后勤周全的指挥中心。其中三号寨为修械所。当年红军游击队物资极度匮乏，甚至从香山寺收买铜元、麻线，背回到小小的修械所，再熔化制成子弹和手榴弹壳。恶劣的条件下，小小的兵工厂却发明出了易制而有效的武器——"麻辫手榴弹"，在保卫薛家寨的战斗中发挥了很大作用。我们今天攀登薛家寨，感受到山崖绝险、山路陡峭，但这点困难远不及当年战斗在这里的英雄前辈们所经历的。枪林弹雨已远去，如今薛家寨仅剩下几面土墙和隐约的土炕、桌椅，无声讲述着艰难往事。

照金精神，是为革命事业奉献青春和热血，甚至奉献生命的精神。刘志丹21岁入党并入读黄埔军校，25岁组织渭华起义，后参与开辟陕甘边苏区，牺牲时不过33岁。谢子长也是陕北红军和苏区的主要创始人，逝世时仅38岁，毛主席为之题词"民族英雄""虽死犹生"。习仲勋更是15岁入党，19岁即任陕甘边游击队总指挥部政委、中共陕甘边特委军委主席、陕甘边革命委员会副主席。我们在薛家寨参观、学习的过程中，还了解到红军女战士们凄婉而壮烈的故事：在薛家寨失守的时候，她们宁死不降，从绝壁悬崖上纵身跳下，用柔弱的身躯在空中画出革命精神绚丽的彩虹。革命最终的胜利，离不开先辈们无私无畏、前仆后继的无私奉献。

照金精神，是团结一心的合作精神。1933年，陕甘地区的革命斗争连续遭受挫折，党组织遭到严重打击，而后红四团、西北民众抗日义勇军、耀县游击队三支队伍汇聚照金，领导干部们关于究竟是分散游击还是集中领导，意见不一。经过陈家坡会议，党员干部最终决定成立陕甘边区临时总指挥部，统一指挥各武装力量。各武装力量拧成一股绳，为巩固和发展照金革命根据地奠定了基础。我们今天来到陈家坡会议旧址展馆，听老师生动讲述会议细节，仿佛看见年轻的习仲勋同志在大树下圆桌旁，耐心而有理有据地劝导悲观动摇的干部们努力振作、集中巩固和发展红军力量，最终成功将大多数干部思想统一起来，进一步将革命队伍统一起来，为革命形势取得转机。

照金感怀

照金精神，是将马克思主义中国化的实践创新精神。习近平总书记曾回忆，习仲勋同志认为"'梢林主义'是创建农村革命根据地的马列主义"。刘志丹、谢子长、习仲勋等同志曾经历过或了解过大大小小几十次武装起义和革命兵变，他们总结了起义失败者的经验教训，在"梢林"中创建红色根据地，日后"为党中央和中央红军提供了长征的落脚点"。事实上，中国共产党的成立，就是马克思列宁主义同中国工人运动相结合的产物。照金的"梢林主义"，是马克思主义中国化的一个剪影，是老一辈革命家实践与探索的结晶。

行程的最后，我们参观了陕甘边革命根据地纪念馆，瞻仰了英雄纪念碑。我在纪念碑前陷入沉思，这两日学习的一幕幕在脑海回放。在那民不聊生的旧中国，老一辈革命者以崇高的精神品质带领人民取得革命胜利，他们的精神品质，是我们党的根和魂。我深感到作为一名青年干部身负重任——在这个个人利益、物质享受渐受推崇的当下，在这个国际形势复杂变幻的当下，唯有深刻理解红色革命的历史，传承照金精神这样的红色精神，为建设和维护我们的国家不断努力，克勤克俭，无私奉献，才不负先辈们受过的苦难，为实现一个繁荣富强的中国作出贡献！

红色如火，深情似海

一直以来，对陕甘边革命根据地革命历史的了解仅局限于书本。在书上，轰轰烈烈的红色豪情，硝烟纷飞的游击战场，嬉笑怒骂的英雄面孔都只是寥寥几句。而当我的双脚踏上照金的土地的那一刻，这里便不只是战略地图上那一个小小的圆点，风景变得立体，历史变得鲜活。我终于亲眼看见曾经枪林弹雨的群山，亲耳听闻仍在这里流传的英雄事迹，亲身感受这个红色圣地洋溢着的红色文化。

陕甘边革命根据地是我党在土地革命战争时期创建的十几块根据地之一，是土地革命战争后期唯一保存完整的革命根据地，为中共中央和中国工农红军长征提供了落脚点。陕甘边根据地的创建可谓是筚路蓝缕，经历了艰辛的探索过程。而照金苏区的创建发展则是根据地发展中的一个重要阶段。刘志丹、谢子长、习仲勋等老一辈无产阶级革命家秉持坚定的革命信念，深入广大人民群众，依靠群众，发动群众，调动群众的革命积极性。照金革命根据地的建立，宛如插入敌人心脏的一把尖刀，点燃了西北民主革命的火种，在中国革命史上留下了光辉的一页。"南有瑞金，北有照金"的美谈正是照金根据地历史地位的真实写照。

在这次"重温红色记忆·筑梦青春央行"青年干部主题

学习实践活动中，我们有幸先后前往陈家坡会议旧址、薛家寨旧址、陕甘边革命根据地照金纪念馆，也能聆听马德伦行长亲授的红色金融历史，铜川市委党校陈建宏教授介绍的陕甘边照金革命史。纪念馆内珍贵的历史实物辅以详尽生动的文字图片说明，薛家寨险要的地势和革命先烈战斗过的红军寨，苍茫暮色中矗立在青山间的革命英雄纪念碑和后人们敬献的花圈挽联……此情此景，此时此刻，无不在我们心中刻印下凝重而光辉的烙印。革命先烈的献身精神，如清泉涤荡迷行，又如良药复苏前行动力。而用鲜血和生命铸造的"照金精神"，在和平年代里为我们照亮来路，指明前程，唤醒血液中的红色基因，让我们将这样珍贵的精神瑰宝传承和发扬。

崇高的理想和信念是老一辈共产党人战胜一切困难和艰险的精神支柱：当重伤不治、弥留之际的谢子长牢牢握住刘志丹的手，他所想的是不让这刚刚燃起的革命之火熄灭，他所托付的是革命的事业；当危急时刻来临，被错误肃反，蒙受冤屈时，刘志丹临危不惧，毅然策马赶赴瓦窑堡，他所想的不是自己的安危，而是逮捕这么多同志会给革命带来的深重危害，他所守护的是革命的利益；当身负重伤，跌落山崖的习仲勋蹒跚前行，他所想的是革命的责任，而非个人的安危……在这种精神的感染下，三秦大地涌现出一批批的英雄儿女，在这里谱写了壮丽的诗篇，红色的精神一直刻印在伟大的中国人民的基因里，作为后人，我们需要做的就是传承它、发扬它。无论是革命、改革、建设国家，抑或是个人的人生道路，我们都难免遭遇高潮和低谷，而红色信念，则正是我们永不衰竭的力量源泉。

孟子有曰，生于忧患，死于安乐。革命先烈的牺牲换来了如今国运昌盛、人民富强的美好生活，然而我们仍要清醒地意识到，当下我们仍要迎接国内外的多种挑战，不仅应该铭记先烈们的事迹，更应珍惜革命成果并开创更为壮美的民族复兴篇章。在面对重重诱惑的时刻，坚守内心的这份红色精神，才能在物欲横流的时代保持信仰，保持内心的平静与专注，真正在自己的岗位上作出不负前人、无愧今生的贡献。

青山处处埋忠骨，何必马革裹尸还。落红不是无情物，化作春泥更护花。薛家寨险峻的崇山里，刀光剑影已暗淡，鼓角争鸣已远去，英雄长眠于此，英灵萦回于斯。这里的平静几乎让人忘记八十年前家国的危难、人民的困苦，不由生出一丝惆怅。但当松涛阵阵入耳，山风飒飒拂身，便释然地想到英雄们所用生命和鲜血捍卫、争取、奋斗的，正是这宁静与平和。红色精神如火焰也如深海，在战争年代炽热地燃烧着革命的激情，在和平岁月则需要传承者们深沉地守护着被英雄们深爱着的土地和人民。在这红色热土上汲取的营养，将成为我们在未来的工作和生活中经受任何考验时的精神支柱，令我们得以摆脱庸俗和世俗的思想，不忘初心行致远，不畏前路多磨难，无愧于历史，无愧于人民，牢记使命，在央行挥洒青春的热血，书写新一代的红色传奇，为中华民族伟大复兴贡献力量。

行程万里，不忘初心

○ 征信中心　刘松灵

　　红色，象征光明，凝聚力量，引领未来。照金镇，陕甘边革命根据地的摇篮，西北地区的一颗红色明珠，因为"红色"而典藏了历史，穿越了时空，成为我们青年干部心中永久的向往和神圣的殿堂。

　　初秋的天气还夹杂着夏天的一丝温热，惬意而又自在，在总行机关团委的组织下，我们一行六十余人来到了照金这块红色圣地，展开了为期五天的"重温红色记忆·筑梦青春央行"实践活动。在这几天里，观看了革命纪录片，听马行长讲红色金融史，由党校陈教授讲陕甘边革命史，又专程去了陈家坡旧址感受历史沧桑，攀爬天堑薛家寨重温游击抗战路。几天时间里，我们聆听老师、导游以及村民们一次次讲述那峥嵘岁月的往事，瞻仰纪念馆里那一篇篇写满苦难与辉煌的文书史料，费力地重走那些洒满烈士鲜血的红色征途，与革命先烈目光凝视和心灵交流，无不在心中"铁石相击，必有火花；水气相荡，乃生长虹"。

　　照金精神，是中国人民革命斗争事业的宝贵精神财富，不仅在当年是我们党和人民军队克敌制胜的强大精神支柱，而且成为我们党不可磨灭的红色基因，激励着一代又一代革命者为了挽救民族存亡和寄望国家富强前赴后继，带领着中国人民走上独立解放的道路。如今，中国人民在实现中华民族伟大复兴中国梦的道路上砥砺前行。我们这一代人，生活条件日益优越，但艰苦奋斗的精神却十分缺乏，也没有强烈的奉献精神，做事功利性过强，更多地考虑自身利益，而不能站在更高层次上考虑更广泛的利益。通过重温红色记忆，我们要向革命先烈学习，始终保持一种敢做、善做的勇气，保持一种逆势而上的豪气，不怕责任重大，敢于挑起重担，敢于克难制胜，敢于奋勇争先。要变压力为动力，善于在挑战面前捕捉和把握发展机会，善于在逆境中发现和培育有利因素。夙兴夜寐思改革，废寝忘食谋发展，以昂扬的精神状态和优良的作风迎难而上，锐意进取，共克时艰。

革命传统不是守住炉火，而是热情火焰的传递，在这伟大的变革年代，那些和血与火相伴随、与你我相联系的红色基因，是我们情感的依附、精神的归宿、前行的动力。想起千千万万为国捐躯的革命先烈，我们的心中便充满难以抑制的感动和激动。这不仅因为他们用鲜血和生命为我们铺就了一条通往理想境界的道路，而且因为他们用精神和意志托起了一个民族不屈的脊梁。那融入历史长河中的精神血脉和红色基因，成为一个民族的集体记忆，成为我们共有的精神瑰宝，引领我们坚定而从容地走向未来。

党的十八大以来，习近平总书记曾多次到革命老区和具有光荣革命传统的部队视察，多次提出红色基因代代相传的问题，并多次强调广大党员要接受红色基因教育。对共产党员的人生而言，红色基因是信仰，目光远大，追求高远；红色基因是忠诚，爱党爱国，矢志不渝；红色基因是追求，勇于拼搏，自强不息；红色基因是忘我，无私奉献，无怨无悔。这基因，让青春永驻，让生命之花绽放，让我们青年干部奋发向上。在照金，确实有许多拥有红色基因的革命先烈，刘志丹、谢子长、习仲勋等。他们用奋斗与牺牲，书写对真理和信仰的执着，对祖国和人民的忠诚，其事迹令人叹服，其品格光彩照人，其精神感天动地。当我们凝视他们时，他们是那样的不同，但又是那样的相似；在他们身上，我们能够穿越时空的阻隔，找到一种一以贯之、永不褪色的精神力量。

行程万里，不忘初心。今天我们再回首那些峥嵘岁月，回看那充满苦难和辉煌，洒满鲜血与汗水的红色征途，是什么力量支撑着我们的党和人民军队同敌人斗争到底？是共产主义的理想和革命必胜的信念！这是我们党红色基因的核心和根本，也是我们最需要传承的理想和信念。习近平总书记强调，革命理想高于天，对马克思主义的信仰，对社会主义和共产主义的信念是共产党人的政治灵魂，是共产党人经受任何考验的精神支柱。现在，历史的接力棒传到我们手中，让红色基因融入血脉，代代相传，用这笔精神财富去拥抱伟大的时代，奉献辉煌事业，照耀无悔人生，是我们神圣又光荣的使命。

感悟照金

○ 金融出版社　方蔚

　　初秋九月，照金大地，秋高气爽。借人民银行机关团委举办"重温红色记忆·筑梦青春央行"青年干部主题学习实践活动的宝贵机会，我有幸来到陕西照金，踏上红色之旅。

　　照金镇是陕甘边革命根据地的中心所在。1932年，刘志丹、谢子长、习仲勋等老一辈无产阶级革命家在此创建了我国西北地区第一个山区革命根据地。艰苦朴素的革命作风写进了照金的历史，感召着无数人发扬甘于奉献、勇于担当的为社会主义事业无私奋斗的精神。

　　培训的第一天上午，中国人民银行原副行长马德伦为我们讲授了一堂红色金融的历史课。马行长通过翔实的史料，结合自己的亲身经历，生动形象地讲述了我国红色金融事业从无到有、从发展到壮大的全过程。下午，铜川市市委党校陈建宏教授向我们讲授了《陕甘边照金革命史及其历史贡献》专题课。当时，老一辈无产阶级革命家在土地革命中通过武装斗争，建立了陕甘边革命根据地，并在此组建了中国工农红军第二十六军，燎原了西北革命的战火，在我国革命史上具有重要的地位。陕甘边革命根据地是红军长征结束的落脚点和八路军奔赴抗日战场的出发点，是在王明"左"倾错误干扰下唯一硕果仅存的根据地。"南有瑞金，北有照金”，由此可见。

　　第二天我们参观了陈家坡会议旧址、陕甘边革命根据地照金纪念馆、纪念碑，并攀登了薛家寨。薛家寨壁立千仞，三面悬崖，犹如拔地而起的立柱。刚开始爬的时候，台阶不太高，我们还能说说笑笑，轻松惬意。不一会儿，台阶陡升，最高的地方能与地面成75度角，每爬几步就得原地靠着休息一会，并且双腿发软、挥汗如雨，我们只能压低重心，双手拉着铁链，手脚并用，艰难踱步。试想红军当年，一面躲避敌人的进攻，一面身背重要物资，在极其恶劣的条件下，用极其原始的方式，攀登山峰，是何等的决绝与刚毅。当我攀至1—4号红军寨处，更是由衷感受到红军当年所处之绝境、破釜沉舟之气势、舍身报国之大义。在照金纪念馆，在讲解员的带领下，我们看到了一段段历史回述、一张张历史照片、一件件历史物件，仿佛把我们带回了当时的年代，老一辈革命家为了解救同胞于水火，抛头颅、洒热血，奉献毕生的伟大情怀值得我们当代的年轻人学习。

　　几天下来，我不禁思忖良多。身处和平年代的我们，无法体验战火硝烟的革命生活，但红色基因的传承不应该中断。如今，照金小镇干净整洁、绿树葱茏，居民小楼整齐如新。老百姓从以前的农活中解放出来，在照金小镇上开办门店，或者进入村集体企业工作，生活待遇优过从前。此外，这里还有照金牧场和照金国际滑雪场，打造了有特色的创收点。正是有了照金红色基因的传承和当地政府与人民的共同努力，才会有如此翻天覆地的变化。

　　通过这次在照金的“红色记忆”的学习，我深受革命先烈为拯救中华民族而义无反顾、勇往直前的精神的感动，也更加珍惜今天这来之不易的幸福生活，使我对自己的信仰、

照金感怀

理念及品质有了更清醒的认识和提高。要始终牢记为社会主义事业奋斗终生的理想信念，坚定目标，努力探索。要牢固树立为人民服务的宗旨，不为己、不利己，以集体利益优先，做好本职工作，发挥好模范先锋作用。作为央行青年，更应该发挥吃苦耐劳、勇于奋进的红色精神，在日常工作生活中将这种精神发扬传承，让革命意志薪火相传。

"红"起来

○ 金融时报社　张异凡

来到照金的第三日，我们参观了陈家坡会议遗址，遗址的馆长（兼保安兼保洁）杜师傅为我们做了一场生动的讲解。杜师傅是土生土长的照金人，如今已近70岁，他热爱这片土地，敬爱建设这片土地的共产党人。他操着一口关中话，满怀激情地讲述着当年的峥嵘岁月，手之舞之，足之蹈之，朴实的话语感染着在场的每一个人。我不禁一怔，是什么让他在谈及革命时如此激昂？又是什么让他有如此的信念，年近古稀却依然坚守在这里？我想也许就是红色基因。

红色，多么明亮炙热的颜色，它是五星红旗的主色，象征着光明，代表着不屈的力量，带来希望，引领未来。红色基因就是拥有这种红色气质的文化因子，是中国共产党人的精神内核，它鼓舞着一代又一代的共产党人不忘初心、坚定前行。从"军民团结、艰苦奋斗"的井冈山精神到"坚持真理、实事求是、独立自主、民主团结"的遵义会议精神，从"不怕艰难险恶"的长征精神到"改变作风、提高素质"的延安精神，及至新中国成立后的"艰苦奋斗、勇于开拓"的北大荒精神，"谦虚谨慎、戒骄戒躁、艰苦奋斗"的西柏坡精神，"自力更生、艰苦奋斗、勇攀科学高峰"的两弹一星精神，"特别能吃苦、特别能战斗、特别能攻关、特别能奉献"的航天精神，"自强不息、顽强拼搏、万众一心、同舟共济、自力更生、艰苦奋斗"的抗震救灾精神，都是不同时代的红色基因。谁人不是血肉之躯？谁人没有家眷财产？但是共产党人能够为国家与苍生，置生死、亲人以及家财于不顾，这就是共产党人的信念，这就是红色基因。

作为新时代的青年人，我们应该"红"，应该传承这种红色基因。收藏古董，是一种传承，物质上的传承；发扬传统文化，也是一种传承，非物质的传承。祖辈流传下来的瑰宝，确有传承的价值。一切从实际出发、密切联系群众、勇于创新、艰苦奋斗、无私奉献、为国效忠、鞠躬尽瘁死而后已的红色基因，是革命先驱留下的"传家之宝"，它是一种信仰，一种让我们的灵魂得到净化，让我们在迷惑中觅得方向、获取力量的信仰，这种信仰我们应当传承。

传承红色基因是治国的保证。坚定不移地走中国特色社会主义道路，是实现国家富强、民族振兴、人民幸福唯一正确的选择。老子曰："五色令人目盲，五音令人耳聋，五味令人口爽。"如今的物质世界缤纷繁复，处处充满诱惑，身处其中的人们很容易在实现理想的道路上迷失。我们要沿着社会主义道路不断前进，就要让红色的基因在血液中流动，让头脑保持清醒，抵制资本主义的侵蚀，坚定地发展社会主义。

传承红色基因是社会主义建设的要求。当下，我国已经全面进入社会主义建设的关键时期，虽然我们坚信，在中国共产党的坚强领导下，蓝图终会变成现实，但是前进中的困难和阻力也是不容轻视的。在这样的紧要关头，全国上下不仅要凝神聚力，更要大力发扬红色基因，以不畏艰难的坚定信念推进强国富民的伟大事业。

传承红色基因也是提升自身素质的途径。拥有理想信念，是战胜艰难险阻的精神支柱。中国共产党人的红色精神中的勇于创新、艰苦奋斗等思想精华，有利于我们树立正确的世界观、人生观和价值观，自觉抵制拜金主义、享乐主义和个人主义思想侵蚀，在工作、学习和生活中实现人生的价值。

　　作为新时代的青年人，我们要"红"，要做好红色基因的传承者，将"红"内化于心、外化于行。内化于心，离不开毫不松懈地学习，要向老一辈学、向先锋模范学，向身边的爱岗敬业模范、道德模范学，另外还要学习业务知识，跟上时代步伐，促进事业发展；外化于行，就是要把红色基因浸透到日常点滴，浸透到工作细节，习近平总书记曾说："人世间的一切幸福都是要靠辛勤的劳动来创造的。"立足岗位，我们需要的是实干而不是空想，即便是面对日常琐碎工作也要做到有条有理，不重不漏，积累实干能力。

　　"红"起来，让这红色的基因在我们的血液中流淌！

红色基因　薪火相传

○ 清算总中心　牛皓

党的十八大以来，以习近平为核心的党中央先后在党内开展了多次教育活动，譬如，党的群众路线教育实践活动、"三严三实"教育活动、"两学一做"学习教育活动。上述活动无一不是推进党员干部的思想政治建设和作风建设的重要活动。2016年7月1日，习近平总书记在中国共产党成立95周年大会上的讲话中，要求不忘初心，继续前进。这些活动的主要意义就是要我们继承并充分发扬革命先辈们艰苦奋斗、自强不息的精神与信念，推动党的事业不断前进。

身处和平年代，我们不需要抛头颅、洒热血，我们需要做的是了解历史，传承老一代革命先辈们的优良作风与革命精神。我们需要做的，是用怀念的心情、学习的态度及永久的铭记去向革命前辈致敬，用我们自强不息、知行合一的实际行动向革命烈士献礼。我们需要做的，是用我们的双手，举起革命家们革命精神的火炬，将这种精神薪火相传。

在入职央行一年之际，有幸来到西北第一个山区革命根据地——照金，参加中国人民银行"重温红色记忆·筑梦青春央行"青年干部专题培训班活动。通过一天的陕甘边照金革命史理论学习和一天的陈家坡、薛家寨和陕甘边革命根据地照金纪念馆的现场体验教学，我深深了解到，照金在革命战争时期，作为中国共产党在陕西与甘肃交界地建立的一个革命根据地，刘志丹、谢子长、习仲勋等老一辈无产阶级革命家浴血奋战，在物资匮乏、武器装备落后的时候依旧保存住了革命的火种，点燃了西北民主革命的火种，为后来陕北革命根据地的建立创造了条件，在中国革命史上留下了光辉的一页。

从革命先辈们为了实现共产主义理想而将生命置之度外的战斗历程中，自己的内心一次又一次受到震撼。"红色基因"，是中国共产党人的精神内核，是中华民族的精神纽带，它鼓舞着一代又一代中华儿女为了中华民族的伟大复兴而坚强自立、坚持梦想、永往直前。

要传承红色基因，我们要坚定信念。在薛家寨现场学习中，我们沿着崎岖、陡峭的山缝间的台阶攀爬薛家寨，体会身临冰冷潮湿、险象环生的地势，眼前破败简陋的遗迹，无不记载着陕甘特委和红军当年战斗、生活的艰辛与不易。党的十八大以来，习近平总书记特别重视红色传统教育，他提出革命理想高于天，对马克思主义的信仰，对社会主义和共产主义的信念，是共产党人的政治灵魂，是共产党人经受任何考验的精神支柱。今天，虽然社会环境发生了变化，但我们面对新的挑战时，更需要将这种坚定的信念发扬光大。

要传承红色基因，我们要坚持党和群众的紧密联系，践行全心全意为人民服务的宗旨。通过红色革命史教育我了解到，大革命失败后，陕甘边根据地的革命家们广泛发动群众，组织贫农会和赤卫军，开展了游击活动，发动群众打土豪、分粮食、分财产，成功地打开了根据地的工作局面，在敌我力量悬殊的困境下坚持下来，由小变大，由弱变强，一步步走向胜利，所依赖的就是党始终与人民群众同甘共

照金感怀

苦，建立了与人民群众的深厚情谊，赢得了群众的衷心拥护和支持。直至今日，我们在新的社会形势下，制胜的法宝仍旧是密切联系群众的优良作风，只有各项工作符合群众及百姓们的意愿，党的工作才能获得最大的支持。因此，我们必须时刻牢记宗旨观念，保持与群众的紧密联系，牢记"水能载舟，亦能覆舟"的历史教训，真正做到全心全意为人民服务。

要传承红色基因，我们要实践创新发展。当年创建革命根据地，刘志丹、习仲勋、王泰吉等同志在远离党中央而不能得到及时指导的情况下，紧密联系西北革命斗争实际，独立自主探索革命道路，使陕甘边革命根据地得以继续发展，表现了伟大的创新精神。诸多实践经验启示我们，工作只有紧跟时代步伐，适应新形势，增强战略思考，不断改革创新，才能更好地围绕中心，服务大局，才能不断提高工作的针对性和有效性，使之更加符合时代要求和人民期待。因此，我们必须在正确认识当前中国社会发展新阶段的基础上，进一步增强工作中改革创新的信心和勇气，科学认识、不断创新工作理念、工作方法、工作举措，践行创新发展新格局。

作为央行的一份子应从自己的岗位做起，从一点一滴的"小事"做起，安心工作，不断探索改进工作方法，继续保持艰苦奋斗、谦虚谨慎的工作作风，争取在平凡的岗位上做出不平凡的成绩，用实际行动将历史传承，将红色基因传承。

缅怀照金英雄　传承红色基因

○ 清算总中心　王鹏

　　金秋九月，在纪念长征胜利80周年之际，我与2015年共同入职央行的同志们一起来到了陕甘边革命根据地的创始之地、中国工农红军万里长征落脚点——照金，参加"重温红色记忆·筑梦青春央行"的活动。

　　此次照金之行日程满满，我们先是观看了习仲勋前辈的历史纪录片，聆听了铜川市委党校教授为我们作的照金历史贡献报告，然后参观了陈家坡会议旧址，重走红军路、攀爬薛家寨旧址后又为照金英雄纪念碑敬献了花圈。通过这一系列的史料讲解和现场教学，让我对照金的红色历史及其在中国革命中的历史地位有了深入的了解。1933年，几百名衣衫褴褛但怀着远大理想的革命志士，在刘志丹、谢子长、习仲勋的带领下，驻扎在照金的薛家寨中，沉重地打击了国民党和封建军阀在陕甘边一带的反动统治。薛家寨，这个古老而英武的地方，再度燃起了抗争的烈焰，吹响了革命的进军号角。是年国民党陕西当局向照金苏区发动猛烈进攻，以刘文伯为首的上千敌人，分兵几路向薛家寨逼近，企图占领薛家寨，消灭红军。在这危急关头，留寨的红军战士、游击队员、工人和妇女挺身而出，奋勇抗击，打退敌人的多次进攻。后来由于叛徒的出卖，红军战斗失利，薛家寨陷落，李妙斋在这次保卫战中不幸壮烈牺牲，寨中被服厂妇女宁死不屈跳崖自尽。1934年秋，红军和游击队主力返回照金，全面恢复并巩固了照金革命根据地，可以说，照金就是陕甘边革命根据地的创始之地。陕甘边照金革命根据地的建立，犹如插入敌人心脏的一把钢刀，点燃了西北民主革命的火种。1935年，陕甘边革命根据地与陕北革命根据地连成一片，形成了西北革命根据地，成为王明"左"倾路线失败后硕果仅存的红色根据地，为党中央和中央红军长征提供了落脚点，为八路军奔赴华北抗日前线提供了出发点，在党史上被称为"两点一存"的重要作用。所以照金也有了"南有瑞金，北有照金"的美誉。

照金精神是我党思想宝库中的一枚瑰宝，照金的成功革命史也是我们现代共产党人值得学习和思考的典范。红色的基因在照金永存，等待着我们青年一代去继承。经过这次培训，我有了以下几点感悟：

（1）青年共产党人要学习老一辈英雄顽强拼搏的精神。我们的工作没有不遇到困难的，遇到困难是正常的，也是在所难免的。但是我们的工作再难，也不会像照金英雄们那样在如此艰苦的环境中还要做好随时牺牲的准备。在照金英雄们仅剩40多人30多支抢的情况下，他们尚能够坚定必胜信念等待时机到来。当我们面对小小的工作挫折抑或生活失意时，想想照金英雄，这些又算得了什么。作为青年共产党人，我们要向习近平总书记讲的那样：要有踏石有印、抓铁留痕的干劲和勇气，要做到困难面前迎着走，发扬共产党员顽强拼搏、敢打硬仗、能冲善打不怕牺牲的拼命三郎精神，努力攻坚克难，实实在在、踏踏实实地多为百姓和群众干事，干实事，干好事。

（2）青年共产党人要有独立自主、开拓进取的创新精神。遥想薛家寨当年，工农红军在缺衣少食、武器落后的情况下还要面对数千国民党士兵的围剿。党内领导干部充分发挥了独立自主、开拓进取的创新精神，没有衣服穿就发动妇女群众在窑洞中建立被服厂，士兵老百姓都吃不饱就发动全员深挖地多填土多出粮食，同时鼓励地区交易在山下成立集市，极大地提高了群众和军队的物质保障。薛家寨工农红军还在窑洞中成立了军械厂，不仅能修理军械还创造出了对敌人杀伤性极大的麻辫手榴弹。当代世界格局动荡不安，我国的科技发展相对于世界发达国家还有很大的差距，世界强国一直对我们有着科技封锁与市场垄断。作为青年共产党人，我们年轻、有干劲、头脑灵活，要充分挖掘自己在学校里学到的知识，并学习我党红色基因中那种独立自主、开拓进取的创新精神，学习我国的航天精神，打破资本主义强国各方面的桎梏，为提高我国的综合国力尽一份贡献！

（3）青年共产党人要有"从实际出发、密切联系群众"的工作作风。习仲勋、刘志丹等人深谙共产党人"从哪里来，到哪里去"的道理，军民吃住在一起、生产在一起、斗争在一起，有什么好的条件优先让老百姓享受，敌人来了就放下枪杆拿起锄头摇身变成种地的农民，利用群众的力量取得了一个又一个游击战的胜利。1933年的"陈家坡会议"肃清了"左"倾错误，从实际出发，注重党内民主，最终使照金革命根据地发扬光大。在当代社会，我们要传承这种全心全意为人民服务，一刻也不脱离群众；一切从人民群众的利益出发，而不是从个人或小集团的利益出发；坚持向人民负责和向党的领导机关负责的一致性，并坚持把这些原则作为党的一切工作的出发点的工作作风。我们要学会建立同广大人民群众的血肉联系和鱼水关系，真正做到"从哪里来，到哪里去"！

漫漫西行路　红色在传承

1936年，《西行漫记》的作者埃德加·斯诺在一列从北京到西安行驶了两天两夜、破败不堪的火车上形容自己"身上有点不舒服，心里却非常兴奋"。他所以兴奋，是因为要到"红色中国"去。他所以"不舒服"，是因为身上注射了凡是能够弄到的一切预防针，在他的臀部和腿部注射了天花、伤寒、霍乱、斑疹伤寒和鼠疫的疫苗。这五种病在当时的西北都是流行病。此外，还流传着淋巴腺鼠疫正在陕西省蔓延开来的消息，而陕西省是地球上少数几处流行这种风土病的地方之一。

80年后，当我们乘坐北京到西安的高铁，以时速300公里的速度行驶，丝毫无法想象斯诺眼中的西安。下车后，地面潮湿而洁净，城市宁静而安详。同井冈山一样，红色也构成了照金的底色，红色的屋顶，红色的五星，红色的历史，不禁让我思索，是否这里也有一种红色的基因。

如果有一种基因是红色的，那它必定是带给民族活力和光明的。

在斯诺与陕甘边红军相处的4个月中，遇到了他所知道最自由和最幸福的中国人。在那些献身于他们认为完全正义的事业的人们身上，他强烈地感受到了充满活力的希望、热

照金感怀

情和人类不可战胜的力量，见证了最平等的军民关系、最廉洁的军队组织、最淳朴的军风民风。红军不抢劫、不胡乱杀人，他们尊重百姓、纪律严明、乐于帮忙、消除压迫、革除积弊、教农民识字、为农民看病、给农民土地。在全中国乌云笼罩的情况下，这里独存光明，难怪成千上万的青年带着知识和梦想，抛弃原有的地位与财富，开始"回到民间去"。

如果有一种基因是红色的，那它必定是带给民族变革和希望的。

据传，"薛家寨"因唐代薛刚在此立寨练兵而得名。这位大唐名将，薛仁贵之孙、薛丁山之子，因不满武则天篡夺皇位，率领各路人马奋起反抗，最终恢复李唐王朝。千年之后，又一位少年英雄揭竿而起，在薛家寨这个古老而英武的地方，再度燃起造反的烈焰，吹响革命的号角。这位少年英雄就是习仲勋。当他担任陕甘边苏维埃政府主席时才满21岁，被毛泽东誉为"娃娃主席"。在薛家寨时，我不禁思索一个问题，现在我们攀登着壁立千仞、地势险峻的重峦是为了奔一个尽头可以结束这段路程，那当年红军攀越着这座山，在这里驻扎、战斗，他们的盼头是什么呢？

我想，这个问题的答案同斯诺分析红军能节节获胜的原因一致，同西安乃至整个中国80年前后巨变的原因一致，那就是"红军和苏维埃政府已在他们区域内的全体人民中，形成了一股磐石般的团结，因为苏区中的每一个人，都准备为他的政府反抗压迫者而战，因为每一个人都是志愿的、自觉的，为着他本身的利益和他认为正确的信仰而战。"

红色基因在哪里？当一个对于红色世界怀有偏见甚至是恐惧的美国记者真正踏上这片土地之后，他看到红色闪耀在

照金感怀

坚毅战士的面庞上，闪耀在朴实百姓的笑容里，闪耀在年轻号手的号声中，闪耀在可爱的少先队员无邪的目光里。是红星照耀着中国，更是这些拥有红色基因的先辈照耀着中国。平凡的力量一旦有了崇高的理想，便会闪耀无限的光辉，沉睡在中国大地的无穷力量，尤其是农民群众的力量，在红军的领导下渐渐苏醒。

一切历史都是当代史。先辈们根植于我们心中的红色基因、红色气质，唯有一代代传承下去，才能使我们面对信仰危机时拥有心灵寄托，才能无愧于这个伟大的时代。如今，传承红色基因其实就是传承中国精神、井冈山精神，传承照金精神中"不怕牺牲，顽强拼搏的英雄气概；独立自主，开拓进取的创新勇气；从实际出发，密切联系群众的工作作风"，就是承担起新时期青年人的历史使命。作为央行的青年人，红色气质、照金精神同样给我们今后的人生许多启发。面对挑战时要敢于拼搏，战胜自我；面对问题时要独立思考，创新思路；面对新情况要结合实际，形成自己的工作思路……我想，这些革命斗争中沉淀下的精神食粮将源源不断地为中国的新生力量提供养分，也将如同陈家坡那盏永不熄灭的马灯，照亮青年人迷茫的双眼、迷茫的心。

传承红色基因，扬起信念的风帆

○ 清算总中心　母筱彤

金秋九月，天朗气清，"重温红色记忆·筑梦青春央行"主题教育实践活动所有成员来到八百里秦川与黄土高坡的交汇之地铜川市照金镇。这里不仅拥有深厚的文化底蕴和人文气息，更是一方革命热土。"南有瑞金，北有照金"，红色基因在此深深扎根，生生不息，代代相传。风景秀丽、安和平静的小山村却有着动人的英雄传奇。革命先烈们曾在这里浴血奋战，顽强抗争，为共产主义理想坚持不懈，最终将革命的星星之火播撒向神州大地。

八十年的岁月沧桑，虽然淡去了当初革命的惨烈和紧张，但身着红军服，重走红军路，重温革命先烈的记忆，仍然感慨万千。历史不会遗忘，红色的精神在当代仍然散发着蓬勃的生命力。

薛家寨，壁立千仞，山势雄奇，山寨的东、南、西三面为绝壁，崖上灌木丛生，只有一条小道通往崖顶，有"小华山"之险峻。我们遥望两山之间近乎垂直的陡峭小道，红军巧妙利用易守难攻的天然屏障，然而攀爬也绝非易事。就在如此苛刻的条件下，红军利用寨顶的五个天然岩洞分别设立了医院、修械厂、被服厂等后勤单位和碉堡、寨楼等防御工事。薛家寨为当时革命发展积攒了力量，是后来革命政治、经济、军事中心的陕甘边革命根据地的大本营。在这一个个历史的现场，沿着当年红军的足迹行走其间，崇敬与感怀油然而生。当年的历史场景仿佛历历在目，红军与村民共患难，相处得如同亲人一般，村民们常常为红军做饭，妇女们主动做好军服、军鞋送给红军，战事紧张时村民还会帮战士们扛枪、送信。而薛家寨的集市也是优先满足群众对日常用品的需求，获得群众的一致好评。坚持团结一切可以团结的力量，坚定走群众路线，依靠群众是革命胜利不可忽视的关键因素。

陈家坡，居于风景秀丽的北梁村一隅，一棵千年古树下召开了陕甘边革命历史上的"遵义会议"，在关系西北革命前途的关键问题上作出了正确的决议，在革命危急关头扭转了形势。在激烈的争论后，会议最终作出了正确的决议，坚持扩大陕甘边根据地，恢复红军主力，确立了陕甘红军的正确军事战略方针，即"不打大仗打小仗，积小胜为大胜，集中主力，广泛开展游击战争，深入开展群众路线"。这是从陕甘边根据地斗争经验出发探索出的革命道路，革命要胜利，就要一切从实际出发，既不能照搬苏联红军的经验，也不能搞"左倾"军事冒险那一套。当年游击队员的游击战思想进一步发展为"梢林主义"，就是钻山林、打游击。习仲勋同志曾经评价"梢林主义"是陕甘边区创造根据地的马列主义，是"从三原、渭北平原碰钉子碰出来的"。同时，党内民主也是共产党保持先进性的根本来源，对异见和不同声音保持开放的心态，不对反对意见"扣帽子"，充分讨论各方意见，相信真理越辩越明，才能达到正确的决议，找到革命的正确方向。

最后，我们一行参观了陕甘边革命根据地照金纪念馆，15幅大型油画生动再现了陕甘革命史的15个重大瞬间，100多位英雄的事迹一一呈现，有些烈士甚至没有照片留存，一个个鲜活的生命诉说着这段可歌可泣的历史。随后我们全体学员敬献花圈，几个大字"陕甘边革命根据地的英雄们永垂不朽"在灿烂的阳光下熠熠生辉，抬头仰望，纪念碑在湛蓝的天空映衬下仿佛更加伟岸。细细观赏着基座四周的浮雕，在肃穆的氛围中感受革命情怀、缅怀革命先烈，我们不禁感怀崇高的理想和信念是共产党人战胜一切困难和艰险的精神支柱。在这样强大的理想信念支持下，革命党人面对军备精良，十倍于己的敌人，在敌众我寡、敌强我弱的形势下，为中国革命聚集了力量，奠定了成功的基础。在当今信仰缺失的年代，信念是一座灯塔，给予我们温暖与力量。大到革命、事业，小到我们每个人的人生历程，总有高潮和低潮的时刻，总有顺境与逆境。在艰难的环境下，在遇到挫折时，扬起信念的风帆，保持革命乐观主义精神，秉持"战斗一生，快乐一生；天天奋斗，天天快乐"的理想信念，是我们当代青年宝贵的精神财富。

弘扬照金精神，传承红色基因

○ 清算总中心　易笑天

　　在接到总行"重温红色记忆·筑梦青春央行"青年干部主题学习实践活动通知之前，照金甚至铜川对我来说是一个未曾熟知的地名，而在这次活动之后，我深刻和全面地认识了这座红色小镇，"日照锦衣，遍地似金"，我震撼于它辉煌的革命历史和充满朝气的现代化建设。这里是中国古代战争的南北分水岭，有"石门关"之称，秦时军事要道秦直道过关北上，天下闻名。

　　在本次主题学习实践活动中，我有幸聆听了铜川市委党校陈建宏教授《陕甘边照金革命史及其历史贡献》的专题教学，参观了陕甘边革命根据地照金纪念馆及革命纪念碑、陈家坡会议旧址和薛家寨旧址，并参加了"重走红军路、攀登薛家寨"的体验活动，通过这一系列的活动，在改革开放取得巨大成就、改革进入深水区的今天，弘扬照金精神、传承红色基因、做合格共产党员，更具重要现实意义。照金是爱国主义教育的重要基地。20世纪30年代，老一辈无产阶级革命家，在此创建了陕甘边革命根据地，照金苏区，作为陕甘边特委和陕甘边区革命委员会的所在地、红二十六军的后方基地，为革命事业的蓬勃发展作出了重要贡献。

　　照金时期，共产党人坚持正确的政治方向，把自的远大理想和奋斗目标落实到为民族独立和人民解放而斗争的伟大实践中，忠实代表中华民族和最广大人民的利益，从而赢得了人心。刘志丹、谢子长等当年都有着丰裕的生活条件，在国民党地方或军队中任职，但是，为了理想、信仰和人民群众的利益，他们牺牲了升官、发财的机会，直至牺牲了生命。照金苏区是一个培养人、改造人、锻炼人的革命大熔炉，造就了一大批政治信念坚定、忠诚于党、忠诚于人民的高素质干部，为中国共产党在西北取得胜利提供了强大的人才基石。对比现如今的我们，在物质生活极为丰富的年代，似乎更容易受到思想的腐蚀，在经历了这次实践活动后，我想我的入党动机得到了净化，信念更加坚定，立志成为一名优秀的共产党员，在工作中勤勤恳恳，乐于奉献将是我今后的行动所在。

　　弘扬照金精神，就要践行党的宗旨，敢于担当，善于开拓奋进。共产党最讲奉献、牺牲的政治品格。当年，刘志丹、谢子长、习仲勋不计个人得失，多次被剥夺领导职务，刘志丹、习仲勋甚至被关押。但是，他们始终以党的利益为重，不改初心，坚持为理想而奋斗。谢子长1935年2月因伤病不治逝世，临终前，只遗憾为人民做的事太少了。做合格党员，就要时刻不忘初心、不忘肩上的责任，始终保持共产党人的优良作风，保持开拓进取的精、气、神，把毕生精力乃至生命奉献给党和人民。作为一名财务人员，我能做到的就是认认真真地对待工作，从财务的角度审核每一笔支出，保障总中心资金安全，为支付清算系统提供财务支持，这些说来简单，做起来是靠日复一日严谨细致的工作态度才能完成的，我想作为一名共产党员，我会带着本次感受到的照金精神回到工作岗位，把每件小事做到极致。

弘扬照金精神，就是要对党忠诚、坚定理想信念。刘志丹牢记宗旨，出征前，曾对夫人说：我要用死来证明对党没有二心；牺牲时，让政委继续指挥战斗，没有提及家庭。在开创以照金为中心的陕甘边革命根据地过程中，刘志丹、习仲勋等一批领导者，面对"左"的错误干扰、国民党当局的"围剿"、中共陕西省委遭受破坏、与上级失去联系等艰难，凭着理想、信念的支撑，按照实事求是的思想路线，不畏艰难险阻，独立自主地巩固和发展根据地。今天，面对复杂的国际国内形势，每个共产党员都要解决好对党忠诚的问题，以站稳立场，明确前进方向，为民族复兴贡献力量。

　　照金精神同其他革命精神一样，是党的传家宝。当年，这种精神鼓舞着革命前辈为民族解放、国家独立而英勇奋斗；今天，每一个共产党员依然要传承这种红色基因，为实现中国梦而努力奋斗。具体到我个人身上，作为清算总中心财务管理部的一员，认真工作，坚守规矩和底线，为支付清算事业贡献自己的一份力量。

坚定信仰力量，传承红色精神

○ 清算总中心 吴超敏

八十多年前，由刘志丹、谢子长、习仲勋等老一辈无产阶级革命家在西北大地建立起了第一个山区革命根据地，由此点燃了我国西北民主革命的火种；八十多年后，来自中国人民银行总行机关及各直属单位的青年干部们齐聚照金，通过多种形式重温这一段波澜壮阔的革命斗争史。历史的巨轮滚滚向前，而红色信仰的种子早已扎根在这广袤而富有深厚文化底蕴的土地，并向全国蔓延。聆听专家老师的生动讲解、重走红军路、参观革命旧址、瞻仰英雄纪念碑，一张张珍贵图片、一段段语音回忆再现、一件件历史文物展示，让我们生动而全面地了解这段峥嵘岁月。

陕甘边革命根据地地处陕西、甘肃交界，在鼎盛时期，西北红色武装割据区域由此扩展到陕甘两省十四个县，面积达数万平方公里。星星之火，可以燎原，也就是在这里，工农武装革命火种逐步在西北大地蔓延，并形成人民战争的海洋。人杰地灵的照金根据地在我国民主革命斗争史上留下了光辉的一页。革命的道路并不总是一帆风顺，千秋伟业筚路蓝缕。在这一过程中，需要披荆斩棘的勇气、凝聚群众力量的智慧以及百折不挠的毅力。而信仰的力量，正是支撑着老一辈革命先辈们克服千难万险、最终实现革命理想的关键支柱。红色基因，也是在一次次斗争中形成并扎根，并凝聚成信仰的力量。习近平总书记也提出，广大青年同志应传承红色基因，让珍贵的红色精神代代相传。接下来，我将结合在照金实践中的所见、所感、所悟，谈谈自己对红色基因及其传承的理解。

首先，红色基因体现在坚持实事求是，坚定共产主义理想和信念。以史为鉴，关于革命斗争路线的选择，也是要立足当时的国情民情。在一次探索中，中国共产党人确立了"农村包围城市，充分发动人民群众，武装夺取革命政权"的道路。在主力红军南下失败，又面临国民党军疯狂"围剿"、照金苏区支撑艰难的背景下，1933年8月14日陈家坡会议经过激烈讨论，明确了三大战略方针：坚持并扩大陕甘根据地，统一领导集中指挥三支武装力量；广泛开展游击战争，深入开展群众工作。革命要胜利，就必须实事求是，既不能照搬苏联红军模式，也不能盲目采取"左倾"冒险主义。结合当地具体情况，顺应形势规律，陈家坡会议的召开在关系西北革命前途的关键问题上作出正确决策，对保卫照金苏区起了决定性作用，也为日后恢复重建红二十六军打下了坚实基础。

其次，红色基因体现在坚持以人民群众为中心，从群众中来到群众中去的群众路线。老一辈中国共产党人，在领导中国革命的长期斗争中，把马克思主义原理系统地运用于党的全部活动中。实践证明，群众路线是我们党克敌制胜的法宝，是我们党发展壮大的生命线。薛家寨保卫战正是充分调动照金当地人民群众，集结人民的力量与智慧，充分利用当地地形的天然优势，军民同心并取得胜利。

最后，红色基因还体现在面对挫折时，不悲观、不迷茫、责无旁贷地肩负使命的革命精神。在革命低潮期，以刘志丹、谢子长、习仲勋等为代表的革命家不灰心、不气馁，坚持从实际出发，从人民群众中团结一切可团结的力量，并采用党内民主的方式，探索出了适合陕甘革命根据地的斗争路线。在实践中，坚持把各项方针落到实处，灵活开展根据地商贸集市活跃经济，充分调动群众参与积极性，为革命的最终胜利积聚了力量。

烽火峥嵘岁月铸造革命金魂。重温红色记忆，让我们感受到了革命先辈们的伟大，更深知当今和平幸福生活的来之不易。红色基因在艰苦的革命斗争中形成，它也是我们中华民族不畏艰险、坚定信仰的精神诠释。红色基因的扎根、传播，并指引着中华儿女战胜艰难险阻，取得革命战争的胜利。如今红色基因的传承，将继续对我国特色社会主义事业建设起到支柱作用。作为央行青年干部，我们应扬起信念风帆，将红色基因传承并发扬光大。筑力青春央行，筑力中国梦的实现！

相聚红色照金，传承革命精神

○ 清算总中心　赵昕悦

　　时维九月，序属三秋，2015年郑州初逢的我们时隔一年再次相聚在山川壮美的三秦大地。这里不仅仅是历史悠久的十三朝古都，也是与新中国成立有着深厚渊源的红色圣地。这次我们来到了距离西安六十公里开外的铜川市照金镇。照金地跨铜川及旬邑、淳化等地，是西北革命的摇篮。1933年老一辈无产阶级革命家刘志丹、谢子长、习仲勋在这里建立了第一个山区革命根据地——陕甘革命根据地，中国革命从此从这里走出。

　　当初来乍到的我们看到这个小镇干净整齐的街道、精致美丽的建筑、优雅静谧的风景时，没有人能把眼前这个美得如同一幅画卷的小镇和八十年前民不聊生、千疮百孔的贫困山区联系起来。在这个走出中国革命的小镇里，听着身边每个人都对陕甘抗战历史如数家珍，我心里莫名的感动，心想这大概就是"照金精神"的传承。培训期间我们参观了陈家坡会议遗址——几间破败的土坯房。历史是偶然的，八十多年前在这个不起眼的地方爱国将领高岗、李妙斋、习仲勋等人经过整整一夜激烈的讨论统一了党政军的认识，组织了陕甘红军的主力部队，集中主力红军深入陕甘边地区打击敌人，明确了巩固和扩大照金根据地的正确方针。站在这个遗

照金感怀

址上，我倾听着遗址守护老人用浓厚的乡音讲述当年的故事，仿佛自己也回到了那个时代。这位老人每天义务地打扫着这个遗址，义务地为慕名参观的游客讲解，这种无私奉献的精神和朴实的感恩情感给久居城市的我们带来的震撼不言而喻。

之后我们又来到了薛家寨。当看到这个被称为"陕西五大最练胆的景区"之一，与华山的险齐名的山崖时，我不由得却步。近乎笔直的山崖吓得我们紧紧地抓住铁链子往上攀爬，不敢往下再多看一眼。怎么能想到当年在这样艰险的环境下发生了那样一场激烈的战斗。不幸的是这场战争中我军牺牲惨烈，损失了李妙斋等大将，以及很多不知名的英雄。其中，有这么一支队伍的故事深深地牵动着我们的心。在照金地区，曾经活跃着一支女子游击队。她们身背钢枪，怀揣手榴弹，跟随刘志丹、习仲勋、李妙斋开创陕甘边照金苏区。时过八十多个春秋，这里至今还传颂着这支未留下姓名的巾帼英雄的故事。当国民党军围剿薛家寨时，这支队伍英勇保卫薛家寨，被敌人逼退到山寨边上的断壁上，誓死如归，威武不屈。在这片热土上我被革命先烈们为了保卫家园，保卫祖国，不屈不挠，不惜献出自己生命的无私奉献的精神以及对和平的殷切渴望深深地触动了。

这次重温红色记忆也唤醒了我儿时的记忆。儿时的我经常能听到老红军、老八路讲故事，听他们分享见证红一、二、四方面军的胜利会师的喜悦，听他们讲参加过的大墩梁战役，华家岭战役的激烈，对他们讲起28岁的罗军长惨烈牺牲的伤心感同身受。如今这些尘封的记忆如同电影重现历历在目。生于90年代的我们享受着高速经济发展带给我们的丰富的生活条件，以及和平年代带给我们一片祥和的国际发展机遇，我们对于那段历史仅限于课本。俗话说"居安思危"，这次央行组织的重温历史，让我们学会去了解历史、正视历史。

如今我已进入央行工作整整一年了。央行，曾经被称为"中共苏维埃共和国国家银行"，她流淌着中国共产党的红色血液，并引导我们铭记历史，感恩前行。老一辈共产党人、央行人严于律己，两袖清风，坚持原则的高大形象是我们新一代央行人的榜样和前进的动力。作为一个中国共产党员，我为能够参与到祖国的支付清算事业建设而感到由衷地自豪，为能向建设富强民主的新中国贡献一份自己的微薄之力而激动。

"这是英雄的祖国，是我生长的地方。在这古老的地方到处都有青春的力量"。老一代共产党人对党的忠贞，对革命的忠贞时刻激励着我们年轻一代共产党人"不忘初心，继续前行"。我们的生命里流淌着共产党人的"红色血液"，我们的身体里传承着共产党人的红色基因。红色是铭刻在我们身上的颜色，是我们用一生守护的中华精神！

保持信仰，传承红色基因

○ 金融信息中心　谢乔

　　2016年9月，我们金融信息中心一行人穿过绵延的群山来到了中国的革命圣地之一——照金。在这片红色的热土上，我不断被刘志丹、谢子长、习仲勋等革命先驱抛头颅洒热血的事迹感动着。对于从小生长在城市环境中的我来说，有一个问题始终萦绕在我的心头，令我不断地思索：伟大的革命先驱们经历了那么多的挫折与失败，是什么样的目标让他们在如此的困境下不断地坚持与奋斗？又是因为什么，才让他们跨过一道道难关取得最终的成功？

　　我认为答案在于他们一直保持着对人民的赤子之心，保持着为了能让人民过上好日子不惜流血牺牲的坚定信念，这是对全体中华同胞共同利益的一种信仰。看到这些先驱牺牲小我成就大我的事迹时，我突然想到曾看到过的一篇关于邓稼先院士的报道，题目为《原子弹10元，氢弹10元》，内容讲述的大致是邓稼先先生病重，杨振宁在探望他时问到"研究原子弹，国家究竟给了你多少奖励，值得你把命都搭上？"邓稼先先生答到："原子弹奖励十元，氢弹奖励十元。"每每听到这些有识之士不计个人得失，为中华民族的命运而奋斗的事迹时，总能令我动容。周恩来总理那句振聋发聩的口号——为中华之崛起而读书，如同激励多少代年轻人一样，也在时时刻刻激励着我——我永远是中华民族这个团体的一员，为了这个群体的复兴与崛起而努力，是我与生俱来的责任。

截至目前，我们国家已经取得了伟大的胜利与辉煌的进步，但是身处在这远离城市的照金，这曾是革命圣地但国家级贫困村比比皆是的照金，我无法不有"革命尚未成功，同志仍需努力"的感觉。我认为我们这些出生在较为优越环境中的"幸运儿们"绝对还不能陶醉在个人生活的"小确幸""小幸运"之中，还远远没有到那种时候！个人的拜金主义，媚外主义，利益集团垄断企业，为了追求利润，早已将强大的魔爪伸向了广大的人民群众。北大的钱理群教授更是指出："我们的一些大学，包括北京大学，正在培养一些'精致的利己主义者'，他们高智商、世俗、老到、善于表演、懂得配合，更善于利用体制达到自己目的。这种人一旦掌握权力，比一般的贪官污吏危害更大。"

在这个时代，脱离民众是共产党人最大的信仰危机。"中国共产党要始终代表中国最广大人民的根本利益"，我认为这就是我们每个人要始终保持的信仰，是我们的红色基因。在本次的扶贫调研中，在我们日后的日常工作、学习、生活中，我们都要保留着对民众的赤子之心，要传承这红色基因，要保持这崇高的信仰！

传承红色基因，学习照金精神

○ 金融信息中心　于淼

习近平总书记在纪念建党95周年大会上，十次提到"不忘初心"。初心，给了我们一种积极进取的状态，也给了我们成长的内在力量。通过在照金的学习，我深刻地体会到共产党人的初心，是源于他们代代相传的"红色基因"。

历史不会忘记，那些英勇无畏、前仆后继，用鲜血扭转乾坤，用生命铸造新中国的共和国卫士。两万五千里的漫漫长征，奋起抵御日寇的十四年抗战，抗美援朝的五次战役，抗洪抢险中的奋不顾身，这是一部又一部气壮山河的英雄史诗，是一次又一次的光荣壮举，他们创造了无与伦比的傲人成绩，谱写了一首首壮丽诗篇。

而"红色基因"，就是这种革命精神的传承。所谓"红色基因"，就是借用"基因"这一医学术语，指出中国共产党人、革命者、革命事业生命力的主要所在——革命、向上、坚韧进取等基本因子。红色是一种明亮欢快的颜色，它象征光明，代表着不屈的力量，给人以希望，引领着未来。红色基因就是共产党人那种一切从实际出发、紧密联系群众、勇于创新、艰苦奋斗、无私奉献、为国尽忠、鞠躬尽瘁死而后已的精神，是一种让我们在迷茫中看到方向，让我们获取力量，充满生机与活力的信仰。红色基因，是中国共产党人的精神内核，是中华民族的精神纽带，是最重要、最基本的红色遗传因素。它是产生于红色土壤，历经战火与生死的考验，在曲折的历史长河中，不断吐故纳新后才形成并延续下来的、物质与精神融于一体的科学产物。它从实践中锤炼而来，又启迪和指引后人实践。

照金是陕甘边革命根据地的创始之地，1935年，陕甘边根据地和陕北根据地统一为西北根据地。西北根据地是土地革命战争时期全国唯一保留完整的一块革命根据地，成为中共中央领导中国革命的大本营。全面抗战爆发后，西北根据地改制为陕甘宁边区，红军改编为八路军，出师抗日。正如毛泽东在中共七大准备会议上所说："陕北有两点，一是落脚点，一是出发点，没有陕北就不能下地。"西北根据地在中国革命史、中国共产党历史上写下了光辉的一页，它的主要创建者刘志丹、谢子长、习仲勋等的丰功伟绩将永远铭记在人民心中。他们的红色基因，也将代代相传。

在这次学习过程中，我看到，就在照金这片红色热土上，老一辈革命家用"抛头颅洒热血"的无畏精神和"虽万千人吾往矣"的革命豪情，生动而又深刻地诠释着、演绎着、实践着"红色基因"的内在含义。中国共产党在领导人民创建西北革命根据地的过程中，形成了伟大的西北根据地革命精神——照金精神，它有着深刻的科学内涵，主要包括实事求是的求实态度、密切联系群众的工作作风、坚韧不拔的革命意志、独立自主的创新精神和勇往直前的民族精神。

2015年2月14日，习近平总书记来照金老区视察时指出："以照金为中心的陕甘边革命根据地，在中国革命史上写下了光辉的一页。要加强对革命根据地历史的研究，总结历史经验，更好地发扬革命精神和优良作风。"照金精神是西北革命根据地得以存在和发展的精神动力。照金精神是中华民族精神的重要组成部分，是中国共产党的宝贵精神财富，是社会主义文化建设的精神资源，是加强西部大开发和建设西部经济强省的强大精神动力。

红色基因之所以代代相传，显示出红色精神作为党性教育最好的教科书，具有强大的生命力和感染力。红色基因让我们在回顾历史中传承精神，在立足现实中点燃激情，自觉地在思想上讲党性、讲信念、讲传统，在实践中比工作、比学习、比奉献，争做红色基因的传承者，认真领悟信念与奉献，自觉理解使命与担当，把光荣传统化作加强党性锻炼的内在精神力量，着力在密切联系群众上下工夫，在夯实基层基础上用力气，在发挥先锋模范作用上见成效，让优良的革命传统在实际工作中落地生根，让红色基因在改革发展中开花结果。

革命胜利来之不易，千秋伟业筚路蓝缕。以史为鉴，可知兴衰，在风云暗涌的和平岁月里，唯有传承红色基因，发扬红色力量，才能步步稳进、兴盛强大。

重拾红色记忆，传承红色基因

○ 金融信息中心　张迎亚

深秋的陕西铜川晴空万里，灿烂的阳光挥洒在陕北这片拥有深远红色记忆的土地上，我们有幸在中国人民银行机关团委的带领下，和总行机关以及直属单位的青年朋友们一道踏上这片神圣的土地——照金——这个景如其名的美丽小镇。在这里，我们学习红色金融历史、重温陕甘边区革命记忆、重走红军路、到基层贫困县亲历调研。这些丰富的活动，让我心灵上深受触动以及思想上得到洗礼。

以照金为中心的陕甘边革命根据地，是20世纪30年代初，由刘志丹、谢子长、习仲勋等老一辈无产阶级革命家亲手创立的，是中国共产党领导的西北地区第一个山区革命根据地。金秋九月，来到这样一个红色革命圣地，亲身感受到"日照锦衣，遍地似金"的美丽景色，不禁对照金这个美丽的小镇多了几分爱戴之情。初到这里，蜿蜒曲折的盘山公路、陡峭的丹霞地貌、郁郁葱葱的松柏、零星的人家、安静的街道，都深深触动着我。如同一位技艺高超的油画大师，秋意运用紫色、红色、金色、绿色等丰富的色彩，将这片大地染成富有层次感的美丽图画。当站在高高的英雄纪念碑下，俯瞰这个小镇，一切美景尽收眼底，让我感到那样的宁静与安逸。看到这样的地形地貌，可以想象，八十多年前，我党老一辈革命家，正是凭借着这样的地理条件优势，建立红色根据地，让敌军的装甲部队也无可奈何、无能为力。

重温红色记忆，在这红军长征胜利八十周年之际，在照金这个西北革命的摇篮，我们聆听了马德伦行长带来的《红色金融历史：足迹与精神》，马行长用丰富的史料为我们讲述了红色金融的产生、发展与壮大过程。21日下午，中共铜川市委党校陈建宏教授通过其翔实的研究，为我们讲解了"陕甘边照金革命史及其对长征胜利的历史贡献"，从自然地理条件、社会人文条件、革命兴起条件和理论基础准备等方面多角度阐述论证了照金在中国革命史上书写下的绚丽篇章。

理论课上完，我们又来到了现场教学体验课环节，参观陈家坡会议旧址、攀登薛家寨、瞻仰革命英雄纪念碑。在烽火硝烟的战争年代，中国共产党人硬是凭借着顽强的革命意志在薛家寨这个小山头上开辟了保障根据地生产生活的基地。这里基础设施条件极其落后，地势险峻，物资匮乏等恶劣条件都没有难倒他们。这个北宋时期杨八姐阻击来犯金兵于千里之外的小山岭又一次谱写了传奇的故事。"薛家寨"这个名字令国民党军队望而生畏。在领队的带领下，我们手脚并用，缓缓攀爬在七十五度的陡坡上。薛家寨地形之凶险，可谓有上无下，一旦开始攀爬就没有退路。稍事休息之后，我继续坚持，最终与大部队一道到达薛家寨的遗址。一路走来，我们克服了畏难情绪，互帮互助，成功到达了山顶，真真切切地体会到了老一辈革命先烈艰苦卓绝的奋斗精神。通过亲身体会，重温红色记忆、重走红军路不再只停留在纸面，而是真真正正扎根在我们每个人的心中！

八十年斗转星移，八十年岁月沧桑。如今的照金革命圣地虽已经通了公路，但却仍未摘掉贫困的帽子。交通闭塞，水资源短缺让这里还是国家重点扶贫对象。但是，红色火种曾在这里发展成燎原之势，红色基因在照金人民的血脉中代代传承。八十多年前，这里的穷苦人民通过自己的努力，在中国共产党的领导下，打土豪分田地，通过自己的奋斗摆脱和废除了封建剥削和债务。现如今，虽然国家的各种优惠政策在向革命老区倾斜，"精准扶贫""普惠金融"等在照金落地、走进村民家中，但我看到的却是照金人民自力更生，不靠党和国家接济，变"输血"为"造血"的独立奋斗精神。在照金培训学习的这几天中，我看到陕甘边革命根据地照金纪念馆、照金书院、商业街的工作人员，都是当地淳朴的老百姓，发展红色旅游，发扬当地美丽的自然景色优势，政府创造就业机会，人民自力更生，改善生活、脱贫致富。天道酬勤，相信勤劳智慧的照金人民凭借着骨子中的红色基因，在国家优惠政策的扶持下，一定能开辟出自己的新天地！

此次"重温红色记忆·筑梦青春央行"青年干部主题学习实践活动，让我看到了革命老区的历史与今天，感受到了共产党人在艰苦岁月中顽强拼搏的意志力和凝聚力，此情此景，我的心中一直有一个声音在呐喊：红色基因，我们共同传承！

传承照金精神，勇担时代重任

○ 金融信息中心　杨磊

2016年9月20日，我们入行刚刚一年的青年干部来到照金接受革命传统教育。能够在老一辈革命家曾经战斗过的地方重温这段历史，我感到十分震撼，同时也心潮澎湃。

在陈家坡会议旧址，通过讲解员的讲解，我了解到陈家坡会议是中共陕甘边特委在革命斗争连遭严重挫折的危急关头召开的一次具有历史意义的重要会议。会议经过彻夜讨论，最后统一思想，集中领导各游击队伍，继续在照金地区开展武装斗争。会议扭转了西北革命的被动形势，正如广场上矗立的马灯雕塑一样，指引着陕甘边红军走向胜利，走向辉煌。

参观完陈家坡会议旧址后，我们又沿着陡峭的山路，踏着红军当年的足迹，登上了薛家寨革命旧址。山上的道路异常艰险，有些地方甚至需要手脚并用才能通过。当到达红军一号洞的时候，我已经累得气喘吁吁，更无法想象当年红军战士如何在如此高耸的石壁上行进。寨中的生活环境非常艰苦，红军医院、被服厂、军械所以及指挥部，全部建在悬崖石穴之中。就是在这样的条件下，老一辈革命家以坚定的信仰，以大无畏的精神，持续开展武装斗争。

下午，我们来到陕甘边革命根据地照金纪念馆，仔细聆听了照金根据地从初创、巩固到发展的光辉历程，了解到刘志丹、谢子长、习仲勋等革命前辈在照金根据地的烽火岁月，领悟照金根据地对于红军、对于党中央的历史意义。在"陕甘边革命根据地的英雄永垂不朽"纪念碑前，大家肃然屹立，昂首仰望，表达对先烈的崇高敬意，并向纪念碑三鞠躬，表达对先烈的深切缅怀。

在刘志丹、谢子长、习仲勋等革命前辈领导红军创建陕甘边革命根据地的过程中，形成了以"不怕牺牲，顽强拼搏的英雄气概；独立自主，开拓进取的创新精神；从实际出发，密切联系群众的工作作风"为主要内容的照金精神。这种精神在新时期仍然值得我们学习和传承。

传承照金精神，首先要有坚定的理想信念。刘志丹、习仲勋等老一辈革命家，因为肃反被剥夺领导职务，甚至被关押，却依然坚持为理想而奋斗。当根据地被国民党围剿，又失去上级省委领导时，他们没有退缩，继续与敌人周旋搏斗。正是领导人坚定的革命信念，使他们经过战争的洗礼，度过艰苦的岁月。我们在工作中，都会有各自的想法与目标。但是很多时候，我们目前的工作与自己想做的差别很大，特别是我们刚入职的新人，可能会被分配做最苦、最累、最无聊的事情。理想与现实的落差使我们感到失落，渐渐地放弃开始的追求，消磨掉自己的理想。其实我们都应该从小事做起，立足于自己的本职工作，或许现在的工作看上去不起眼和无足轻重，但它都是实现理想过程中必不可少的环节。在实现理想的过程中，不可能一帆风顺，我们会遇到各种各样的困难和挫折。只有在这些困难和挫折前不畏惧、不逃离，敢于正视并勇于战胜它们，才能获得最后的成功。

传承照金精神，其次要严守党的纪律。习仲勋在担任陕甘边区主席时，下令官员贪污10元就枪毙。后来习老回忆说，当时确实没有干部贪污。这一方面表明当时制定了严格的纪律制度，另一方面表明党的纪律得到了严格的贯彻执行。在新时期，党中央接连颁布了《中国共产党廉洁自律准则》《中国共产党纪律处分条例》两部党内法规，定出了理想信念的道德高线和不可触碰的纪律底线。我们党员应以这两部法规为标杆，时时刻刻约束自己的行为。相比于普通群众，我们要以更高的标准、更严的要求在工作中执行单位的方针、政策并作出表率。

传承照金精神，再次要保持艰苦朴素的作风。当革命根据地受到国民党严密封锁、物资极其匮乏的时候，根据地领导人并没有因为自己的地位高而要求有特殊的待遇，而是与红军战士一起奋斗，物质上十分贫困但是精神上十分富足。近几年来，人们的物质生活得到极大的改善，享乐主义的风气弥漫在整个社会当中，我们虽然现在不为吃穿发愁，但是艰苦朴素的作风不能丢。生活中，不浪费水和粮食；工作中，不浪费纸张。对于我来说，尽管现在的工作条件不尽如人意，但是能够满足工作的基本要求，这时候应该把更多的精力放到如何高效、优质地完成部门交给的任务方面，而不是嫌弃工作条件。要在享乐主义的大风气前不动摇，以一个初创者的心态，追求正确的价值观。

传承照金精神，最后要走群众路线。在薛家寨下的亭子沟建立的集市贸易，就是为了方便群众生活；设立公田，减轻群众负担。只有在群众的支持和帮助下，根据地才能蓬勃发展壮大。我们这次实践活动，深入照金地区的各个乡村，实地了解村里的贫困情况和目前扶贫政策情况。能够和农民朋友面对面了解家中的经济状况，了解艰难困苦，这正是为群众服务意识的体现。深入基层、深入群众、深入生活，这样才能做出让人民群众满意的好事实事。

让我们用自己的实际行动，将革命精神薪火相传，为实现"中国梦"而努力奋斗。

发扬红色精神，传承红色基因

○ 金融信息中心　李怡

　　红色，象征着光明，凝聚力量，引领未来。当坐在宽敞明亮的房子中，翻开厚重的书本，一次次捧读写满苦难与辉煌的历史故事，缅怀父辈的那些峥嵘岁月时，我不禁思考，生于这个和平美好的时代的我们，是否会因为风沙的覆盖而忘记祖辈们所留下的光荣印记？是否会因为生活的安逸而忘记对祖国所肩负的重任？是否会因为时间的洗礼而放弃我们应铭记于心的红色内涵？我想这些问题的答案一定是否定的。作为中华民族的一员，我们都在祖国的呵护和抚爱中长大，对祖国所经历的沧桑历史又怎能轻易地从记忆中抹去，"红色基因"永远深深流淌在我们的血脉之中。

　　初入照金，一种浓烈的红色革命氛围便扑面而来。陕甘边照金革命根据地位于陕西省铜川市耀州区北54公里处，是20世纪30年代初，刘志丹、习仲勋、谢子长、李妙斋等老一辈无产阶级革命家在西北地区创立的第一个山区革命根据地。陕甘边照金革命根据地的建立，犹如插入敌人心脏的一把钢刀，点燃了西北民主革命的火种，为后来陕北革命根据地的建立创造了条件，在中国革命史上留下了光辉的一页。照金作为革命老区，陪伴着党走过了一段又一段的艰难复国路，无数仁人志士曾在这里抛头颅、洒热血，为革命英勇捐躯。

如今，我国社会已进入一个快速发展时期，一个价值多元化时期。然而今天充实丰富的物质条件、幸福美满的精神生活，并没有令我们忘记祖辈传承给我们的红色精神。作为一名陕西人，这片土地孕育了我、培养了我，赐予我艰苦奋斗、吃苦耐劳、坚持不懈的精神。站在这片伟大的土地上，敬畏感、骄傲感和自豪感不禁油然而生，埋藏在心底那若隐若现的红色基因也好似一下子全部都涌现了出来。"红色基因"作为中国共产党人最主要的精神内核，是中华民族的精神纽带，不仅曾经孕育了光照千秋的长征精神、井冈山精神、延安精神，也在当今社会孕育了永不言弃的抗震救灾精神、北京奥运精神、航天精神，让世界看到了中华民族这面屹立不倒的高墙以及中华儿女前仆后继、众志成城的爱国爱民之情，更鼓舞着一代又一代中华儿女为了中华民族的伟大复兴而勇往直前。作为中华儿女的我们，必须不负肩之使命，传承和发扬好红色精神，为了祖国更加美好灿烂的明天而努力奋斗。

红色基因的传承，是一系列红色瑰宝的传承，是社会主义核心价值观与"信念坚定、为民服务、勤政务实、敢于担当、清正廉洁"五好干部标准的高度契合。传承红色基因，要内化于心、外化于行，树榜样之旗，兴实干之风。内化于心、外化于行告诉我们在认真学习党章党规和业务知识、把握工作主动、跟上时代步伐、促进事业发展的同时，也要把红色基因浸透到日常点滴和工作细节中，做好红色基因的坚定实践者，在实践中积累经验、深入钻研、熟练掌控，全心全意为人民办实事。树榜样之旗是教导我们每一名党员都应成为群众的一面旗帜，党员中也需要榜样的带动，我们要时刻向老一辈学习、向先锋模范学习，向身边的爱岗敬业模范、道德模范学习，不断完善自己，成为群众心里公正、廉洁、正义的共产党员，成为严格守纪律、讲道德、重品行的好干部。空谈误国，实干兴邦，光学不做假把式，兴实干之风就是让我们立足岗位，平凡之中见真功，即便是面对日常琐碎工作也能做到运筹帷幄，有条有理，不重不漏，积累实干能力。传承红色基因，就是要坚守心中的一方净土，敬畏法纪、敬畏组织、敬畏群众。

忘得掉的是岁月，忘不了的是历史。盖得住的是皱纹，藏不住的是印迹。我们都处在岁月的长河中，记忆难免有时候会被奔腾的河流和飞卷的沙石所冲淡和埋藏，但流淌在我们血脉中的红色基因，让激情燃烧，让生命绽放，激励着我们奋勇前进。作为新一代接班人，我们坚定从容地走向明天，走向未来。继承革命先辈的光荣传统，爱党爱国，矢志不渝。在未来的道路上，我也会继续努力传承和发扬红色精神和红色基因，做一名有担当、有抱负、有梦想的中国人，为实现中华民族复兴的伟大梦想而努力奋斗！

照金感怀

红色基因，薪火相传

○ 金融信息中心　刘伟

习近平总书记强调"牢固的核心价值观，都有其固有的根本，抛弃传统，丢掉根本，就等于割断了自己的精神命脉。"就社会主义核心价值观而言，我认为红色基因就是不能抛弃的传统和精神内核。红色基因作为我党宝贵的精神财富，一脉相承，代代相传，它鼓舞着一代代共产党人不忘初心，继续前进。

回顾老一辈革命家艰苦的革命道路，寥寥数十人抵抗着国民党疯狂的扫荡和绞杀。但为追求更高的理想，建立自由、民主的国家，他们走过两万五千里漫漫长征路，食皮带、啃树皮，在重重困难和几近绝望的逆境里一步步扩大革命军队的力量。为获取国家独立和民族解放，他们抛头颅、洒热血。在未建立真正属于人民群众的国家政权的情况下，革命前辈们面对比自己强大数倍的敌人并无畏惧心理，以小米和步枪战胜了敌人的洋枪洋炮，取得了解放战争的胜利，建立了人民政权。这是前辈们的信念，也是不惧牺牲、敢于拼搏的无产阶级乐观主义精神，是我们永远需要学习的红色精神。

在那风雨动荡的年代，红色基因迸发出的红色精神鼓舞着一代代一批批共产党人为了自己的理想奉献一切。对于新时代的我们来说，生在这和平美好的年代，虽然不需要我们扛枪上战场，抛头颅、洒热血，但我们应以我们的方式去传承这红色基因，将它融入我们自己的精神世界，引领自己成为践行社会主义核心价值观的模范，用切实的行动诠释一名共产党员的本色。

传承红色基因，传承共产党人不怕苦、不怕累的拼搏精神。作为一名职场新人，在日常的工作中，要俯下身做好每一件小事，服从领导分工，不计得失，坚信将小事做好就是大事，将普通事做好就是极致。勤于实践，多加磨炼，提高自己业务能力。树立自己正确的职业观和事业观。

传承红色基因，传承共产党人因地制宜、不断探索新道路的创新精神。在照金薛家寨山脚下，老师讲了革命先辈如何利用薛家寨特殊的地理条件，创建了革命大本营，又是如何在当地开集市，方便军民生活。这都是创新，正是这种创新精神，让照金红军队伍可以在短短一年的时间里得到很好的恢复，增强民众对于革命的信心与信赖。对于我们来讲，在日常工作生活中，要敢于创新、敢于尝试不一样的工作和生活方法，在自己的行为准则标杆下，提高工作效率，提高生活品质。

传承红色基因，传承共产党人淡泊名利、廉洁奉公的气节。在基层岗位上，要始终坚守清正廉洁的道德底线，时刻绷紧廉政这一底线，常修从政之德，常怀律己之心，常戒非分之想，常思贪欲之害，不为名利所缚，干干净净做事，堂堂正正做人。在纷繁复杂的社会中，经得住诱惑，耐得住清贫，守得住底线。

传承红色基因，传承共产党人敢于担当、勇于承担的气概。在工作中，不推诿、不退缩、敢于承担重担。在生活中，对待家人、朋友都要敢于担当，做一个负责任的人。

　　回想古今，忘得掉的是岁月，忘不了的是历史，盖得住的是皱纹，藏不住的是印记。红色基因是我党的历史和印记，是共产党人的信仰根基、精神支柱。红色基因是信仰，目光远大、追求高远，红色基因是追求，勇于拼搏、自强不息，红色基因是忘我，无私奉献、无怨无悔。作为新时代的共产党人，要通过学习红色文化找到精神支柱，完成精神接力，及时补充信仰、理想、信念、价值观方面的营养，继承和发扬党的优良传统。传承红色基因，大力践行社会主义核心价值观，踏踏实实做好一名基层公务人员，干干净净地做好每一件事，争取事业、生活的胜利。

照金感怀

红色照金

——革命精神代代传

○ 金融信息中心　孙其新

　　为了使群众路线教育实践活动更扎实地开展，人民银行组织入行一年的同事们到红色圣地陕甘边革命根据地参观学习。怀着期待的心情，我们来到了风景宜人海拔1 300米的照金这方圣土上。

　　走进展厅，仰头便看见镶嵌在上的一面大大的党旗，站立片刻，敬仰之情油然而生。跟随着讲解员，看着一件件珍贵的陈列品，仿佛穿越到了当时的岁月，看见了英烈们穿梭于悬崖峭壁之间和敌人斗智斗勇，浴血奋战的英姿与不畏。一个粮斗、一杆步枪、一门假大炮、投豆选举等，都表明了当时革命形势的艰难困苦，吃着粗粮窝窝头，睡在山洞，甚至彻夜奔波，只为了根据地的稳固和革命斗争的胜利。每件展品都是对一个历史革命故事和一份沉甸甸真挚感情的倾诉。那一幅幅生动的画图也是历史的再现和写照，站在他们前面观看，无时无刻不体会到革命先辈们不怕牺牲、顽强拼搏的英雄气概与独立自主、开创进取的创新勇气，以及踏实地从实际出发密切联系群众的工作作风。

　　经过长期艰苦的革命，最终在刘志丹、谢子长、习仲勋等共产党人的带领下成功创立了陕甘边特委和陕甘边边区革命委员会的所在地，也是红军的后方基地，为革命事业的蓬勃发展作出了重要贡献。今天，面对蓬勃发展的社会主义事业，面对改革开放和市场经济的大潮，我们一定要缅怀革命先辈的英雄事迹，弘扬艰苦奋斗、求真务实的精神，用无产阶级的人生观、世界观武装自己，找到自己的人生坐标和价值取向。我们必须加强理想信念教育，加强学习并掌握唯物主义和历史唯物主义，建立真正的理想信念，坚定不移地走中国特色社会主义道路，坚持勤奋学习，勤奋工作，兢兢业业创造一流业绩。作为一名人民银行系统的工作者，我很庆幸遇上了今天的年代，我们一定会以更饱满的热情、更昂扬的精神状态，积极投身于银行工作，严格要求自己，在工作生活中努力学习，身体力行，自觉践行"两学一做"重要精神。在平凡的工作岗位上认真履行本职，埋头苦干、奋发进取，以优质的服务来告慰烈士的英灵。

人总是要有点精神的，红色基因之所以代代相传，显示出红色精神作为最好的教科书，具有强大的生命力和感染力，经过潜移默化的代代传输和春风化雨般的引导，在红色教育中浇筑党性修养的心灵鸡汤，汲取锤炼党性的最好营养剂，化平凡为神奇，在红色教育中感受到了冲击，自己的心灵得到了净化，灵魂得到了触动。新时代的我们比历史上任何时期都更接近伟大复兴的目标，但是越是如此，越要怀有如履薄冰之谨慎。以史为鉴，在风云暗涌的和平岁月里，唯有传承红色基因，发扬红色力量才能步步稳进，兴盛强大；才能实现中国梦。如此，也是为了告慰先烈英灵。

照金之行即将结束，我们空手而来，却带走厚重的礼物——革命先烈用生命汇聚的苏区革命精神。她是革命先烈留给我们最宝贵的财富，是激励我们战胜艰难险阻，沿着社会主义道路奋勇前进的力量源泉。我们无须言语，只需铭记；无须停留，只需奋进。缅怀革命先烈，传承照金精神，弘扬优良传统。不断地让照金精神发扬光大，让红色基因代代相传。

凝聚照金精神，传承红色基因

○ 金融信息中心　芦尊

　　夕阳初下，漫山遍野铺着落霞，"日照锦衣，遍地似金"。走在照金革命根据地山间的小路上，思绪不禁往前翻滚数十载，回到那红色的革命岁月。

　　非常荣幸参加行里"重温红色记忆·筑梦青春央行"青年干部主题学习实践活动，来到著名的西北革命根据地——照金参观学习。照金革命根据地是中国共产党在西北地区建立的第一个山区革命根据地，它有力地震慑了国民党的黑暗统治，造成了国民党内部的恐慌和混乱，同时，牵制了国民党大量兵力，配合支援了陕北、渭北、陕南、陇东地区的革命斗争，唤起了千万万陕甘边人民在中国共产党领导下开展土地革命的觉悟，鼓舞了西北人民争取解放的勇气和信心，它又是红二十六军发展壮大，走向胜利的坚强阵地。在创建与发展革命根据地伟大斗争中，党进行了一系列建立党的基层组织、建立红色政权、建立群众武装、开展革命根据地建设的尝试，积累了丰富的经验，培养和锻炼了一批坚强的革命骨干，为以后进一步开展陕甘边革命斗争创造了坚实的思想基础、干部基础和物质基础。照金革命根据地在中国革命史上写下了光辉的篇章。

　　"照金精神"是以刘志丹、谢子长、习仲勋等为代表的共产党人在创建以照金为中心的陕甘边革命根据地的浴血奋战中逐渐形成的革命精神，即是"不怕牺牲、顽强拼搏的英雄气概，独立自主、开拓进取的创新精神，从实际出发、密切联系群众的工作作风"为主要内容的照金精神。

习近平总书记视察陕甘边革命根据地照金纪念馆时曾经指出："照金精神在现在还是很适用的，当时老一辈无产阶级革命家能够在照金落脚，就是因为群众基础好，他们能够密切联系群众，这里的群众能够支持革命，现在我们党要依靠群众，要把照金精神传承好，发扬好，如果能做到这些的话，我们的事业就固若金汤了。"照金精神具有超越时空的恒久价值和旺盛的生命力，对做好新时期社会主义建设、党建工作、群众工作、城市转型仍有着积极的促进和指导作用。

红色基因象征着光明的未来的红色，汇集了积极的正能量。"照金精神"因为红色的基因穿越了历史和时空，在光阴中化为永恒。"我经常恍惚，我的脚下埋葬着曾经鲜活的生命，我就踩在他们身上，我们的幸福和我们的生命来自他们的勇敢的牺牲。"站在照金的土地上，不禁想起千千万万为国捐躯的革命先烈，心中便难以抑制深深的感动。先烈们抛头颅，洒热血，甚至生命，为我们铺就了通向幸福生活的康庄大道，而且用不屈的意志和坚定的信仰为我们树立了一个伟大民族赖以立足的精神脊梁。一切向前走，但要常回首，不能忘记过去的路。

一切历史都是现代史，传统不是守住炉灰，而是传承光和热。"照金精神"放眼至今，投身到我们的日常工作中都具有很好的指导意义。历史的接力棒如今传到我们的手上，让"照金精神"成为融入我们身体中的红色基因，我辈更应该携带着红色的照金基因，在工作和生活中发光发热。凝聚照金精神，在央行事业中实践、传承红色基因，让先烈们传承给我们的革命火焰生生不息。

照金精神，薪火相传

○ 金融信息中心　张亚慧

　　2016年9月20日，我们一行60多人来到红色革命根据地——陕西铜川照金小镇，有幸参加了为期一周的"重温红色记忆·筑梦青春央行"的青年干部主题学习实践活动。"日照锦衣，遍地似金"的景色，只在照片里有幸目睹；观今鉴古，学史明理的感受，只有切身体会才能铭记。此次实地学习参观让我对自己的信仰、自己的理想以及自己的目标有了更清醒的认识、更坚定的抉择。

　　这次主题学习实践活动内容充实，形式多样。我们不仅通过文献纪录片、专题教学片、现场教学课等多种形式丰富了革命知识，感受了那段激情燃烧的岁月，重走了红军路；同时参加了"我为什么要加入中国共产党"主题演讲比赛和"根在基层——贫困村里话扶贫"调研实践活动，坚定了革命信仰，深入了解了党情国情社情民情。

　　陈建宏教授的专题教学课——《陕甘边照金革命史及其对长征胜利的历史贡献》为我们讲述了照金小镇的红色历史及其在长征胜利乃至革命胜利中的历史贡献。照金位于陕西省铜川市西北部，自古乃要塞之地，因隋炀帝巡游至此时称其"日照锦衣，遍地似金"而得名。以照金为中心的陕甘边革命根据地，是20世纪30年代初，由刘志丹、谢子长、习仲勋等老一辈无产阶级革命家亲手创立的、中国共产党领导的西北地区第一个山区革命根据地，有"南有瑞金，北有照金"之说。以照金为中心的陕甘边革命根据地，是后来的西北革命根据地和陕甘宁边区的发祥地，是西北红军成长、壮大的摇篮，为西北革命的发展提供了宝贵的经验，奠定了坚实的基础，为中国革命聚集了力量，培养了一大批杰出人才，在中国革命史上写下了光辉的篇章。照金精神是以刘志丹、谢子长、习仲勋为代表的共产党人，在创建以照金为中心的陕甘边革命根据地的浴血奋战中逐渐形成的一种思想观念、价值趋向和作风规范。其灵魂，就是忠诚于党、坚韧不拔的革命意志。照金精神既得到井冈山精神的孕育滋养，是伟大的长征精神的支脉，照金也是宝贵的延安精神的重要起源地，照金精神是延安精神的重要组成部分。

一天的现场教学课，行程安排合理而紧凑。我们先后参观了陈家坡会议旧址、薛家寨旧址、陕甘边革命根据地照金纪念馆、革命英雄纪念碑。一天下来，身体极度疲惫，但精神世界却是充实的，被革命先烈的精神所鼓舞。

参观陈家坡会议旧址。陈家坡是距离陕甘红军大本营薛家寨不远一个普通小山村，因80年前陈家坡会议在这里召开而载入陕甘边斗争史册。会议扭转了西北革命的被动形势，为陕甘边革命的发展指明了方向，就像黑夜里一盏闪亮的明灯，指引着陕甘边红军走向胜利，走向辉煌。

攀登薛家寨，重走红军路。照金北部的薛家寨，是一座山势险峻的石头山，整座山寨走势雄奇，军事上易守难攻。1933年春，刘志丹、习仲勋、谢子长率领中国工农红军党政领导机关迁驻薛家寨后，在4个岩洞中分别设立了军医院、修械厂、被服厂、仓库等后勤单位，建了寨楼、堞墙、战壕、哨卡、碉堡、吊桥等。为了重温革命精神，接受更加深刻的教育，我们组织攀登薛家寨，深切地体验当年革命根据地艰苦卓绝的战斗和生活。

参观陕甘边革命根据地照金纪念馆。在陕甘边革命根据地照金纪念馆里，陈列着一百多位在这片土地上战斗过的红军老战士。通过观看图片、革命历史资料和革命先烈留下的实物及与敌人浴血奋战的场景复原等，了解了照金革命根据地创立、发展、壮大的全过程，了解了老一辈革命家的奋斗历程，重温了当年那艰苦卓绝的战斗历程，直到今天，英雄的故事依然在这片土地上流传着，红军的精神依然在后人身上得到传承。

瞻仰革命英雄纪念碑，并敬献花篮。高高耸立的纪念碑，纪念曾在这片黄土高原洒下热血的红军英烈，见证他们为国家和民族立下的不朽功勋。

我们纪念80年前的胜利，更铭记没能等来胜利的英雄。征途漫漫，每前进一里路，都有红军战士倒下，没有墓碑，甚至没有姓名，但挺立起一种精神。不忘初心，继续前进。"初心"是根脉、是基因。正如习近平总书记所说："一切向前走，都不能忘记走过的路；走得再远，走到再光辉的未来，也不能忘记走过的过去，不能忘记为什么出发。"这次重温红色记忆的活动已经结束，但红色基因将永远烙在每个共产党员的心中，红色精神将永远传承下去。

红色基因　薪火相传

○ 中国金币总公司　郝望舒

初到照金，强烈的红色文化氛围便扑面而来。以照金为中心的陕甘边革命根据地是中国共产党在西北地区建立的第一个山区革命根据地，陪伴着中国共产党走过了一段艰难历程，在中国革命史上留下了光辉的一页。如今的照金已经建设成有特色的红色文化小镇，街道整洁，环境优美，风清气纯。革命老区面貌变迁，而红色基因长存。站在这块革命先烈曾经战斗过的红色土地上，心中敬畏之感油然而生。通过这次学习我们了解到，老一辈无产阶级革命家在这片土地上，克服种种困难，身体力行地诠释了红色基因的深刻内涵。红色基因作为中国共产党最主要的精神内核，是中华民族的精神之源。以长征精神、井冈山精神、照金精神、抗震救灾精神为代表的红色精神，激励着一代代中华儿女为了中华民族的伟大复兴而努力奋斗。

习近平总书记强调："牢固的核心价值观，都有其固有的根本。抛弃传统、丢掉根本，就等于割断了自己的精神命脉。"那么，红色基因正是我们应该继承的传统、不能丢掉的根本。在中国共产党带领人民进行革命的进程中，形成了宝贵的红色文化和革命精神，这些既是对中华民族优秀传统文化的丰富和发展，也是形成社会主义核心价值观的源泉。

革命的胜利来之不易，战火纷飞的年代虽已过去，但在风云暗涌的和平时代，仍需要我们将红色基因传承下去，将红色精神融入血脉，融入我们的日常工作和生活中，内化于心，外化于行。

将红色精神内化于心，始终坚定共产主义的理想信念。中国共产党领导人民历经千难万险最终取得了革命胜利，靠的是对共产主义的坚定信念。有了这种崇高的理想和坚定的信念，我们就有了取得胜利的精神支柱，有了克服困难的勇气。

将红色基因内化于心，做红色文化的传承者。习近平总书记强调："要把红色资源利用好、把红色传统发扬好、把红色基因传承好。" 红色文化是宝贵的红色资源，体现了我们党的价值理念和精神追求。在我们的工作中，努力创作并推出更多更好的红色文化作品，能够使我们的红色基因以这些文化载体代代传承下去。中国人民银行多次发行以红色文化题材为主题的纪念币，如"中国人民抗日战争暨世界反法西斯战争胜利70周年""中国工农红军长征胜利80周年"等一系列思想性、艺术性和观赏性高度统一的纪念币项目，展现了红色革命的光辉历程，给人以思想启迪和价值引领。

将红色基因外化于行，需要我们把红色基因深入到每一个工作的细节中，渗透到日常生活的点滴里。红色基因产生于党带领人民进行革命和建设的实践过程中，因此实践也是传承红色基因的重要途径。在实践中不断积累经验。总行在我们入行时对我们进行业务培训和军训，入行一年后开展"重温红色记忆·筑梦青春央行"的实践教育活动，这一系列的实践和锻炼，就是为了让红色基因能够时时刻刻落实到我们的行动之中。

将红色基因外化于行，始终保持艰苦奋斗的优良传统。攀登薛家寨，看到当年的红军生存和作战条件如此艰难，我们深受触动。在战争年代，物质条件极为匮乏，老一辈无产阶级革命家靠着艰苦奋斗的精神和坚强的革命意志，克服困难取得最终胜利。在经济迅速发展的新时期，我们更要传承和发扬艰苦奋斗的精神，将其作为红色基因传承下去，不怕困难，不怕吃苦，从生活、学习和工作的方方面面去践行。

　　红色基因是我们的精神根基，党的事业薪火相传，需要我们将红色基因传承下去。作为央行人的我们，需不负使命，传承和发扬红色精神，为实现中华民族伟大复兴而努力奋斗。

不忘初心，砥砺前行

○ 中国金币总公司　詹厚康

近些年来，祖国山河各处常能见到红旗、红色标语，公园、社区常能听到红色歌曲，电视、影院常能看到红色电影、电视剧。红色小说再版、红色电影的播放、红色旅游的火爆、红色歌谣的传唱、红色历史的纪念等活动的开展，都展现着人们对红色传统的继承、对红色文化的弘扬。红色精神为何能够得到人们的认可？虽然现代化的发展让人们的生活出现了翻天覆地的变化，但红色精神无论在什么时代都会适用，一脉相承的红色基因流淌在革命前辈和我们身上，这些品质无论过去、现在还是将来都值得弘扬和传承。

陕甘边革命根据地，在中国革命史上写下了光辉的一页，而照金是它的中心。通过在照金的学习和体验，我对照金精神、红色精神有了一些体会。革命前辈习仲勋曾经在照金苏区积累政权建设经验和革命武装建设经验。这些宝贵的经验在之后创建陕甘边革命根据地中发挥了重要作用。根据资料记载和对革命前辈的采访，习仲勋在工作期间非常善于做群众工作，甚至有人评价，密切联系群众是他一生最大的特点。习仲勋出身农民家庭，从小深知农民的疾苦。在照金工作期间，白天穿着农民的衣服与百姓一起干农活，晚上向群众宣传党的政策。密切联系群众，与人民在一起的红色基因，无论在什么时代、什么领域都值得坚守和传承。把这一红色精神落实到实际工作中才是传承精神的体现。央行每一个政策，文件的颁布都关系到百姓的实际生活，因此在这些政策的商定、起草、评估过程中，每一位干部都应该想到这一政策会对民生产生什么影响。虽居庙堂之高，但仍需有山林气味，时刻心存民生才能更好地体会自己工作的意义，拿出更大的责任心来做好工作。

贴近群众，心系民生，切切实实地做一些工作，是需要坚定的信念来支撑的。当时不满15岁的习仲勋因三师"毒杀案"被反动当局逮捕，在看守所中他坚持气节不出卖组织和同志。鉴于他的优秀表现，同时被捕的党组织负责人宣布他成为正式党员。时值革命低潮，国民党利用一切手段镇压革命活动，共产党被宣布为"非法"，加入就意味着随时掉脑袋。是坚定的信念和非凡的勇气支撑他作出这样的决定。在现在的生活和工作中，虽然不会有像革命先辈一样的生命危险，但仍需要有信念的坚守和支撑。年轻时，初入职场，进入机关成为国家公职人员或进入体制内企事业单位工作，收入水平很可能赶不上进入市场化机构的同学。面对高企的房价和昂贵的生活成本，很多时候可能会感到沮丧和迷茫。这是一个信仰缺失的时代，但自己应该有所坚守，有不忘初心的信念。每一份工作都有优劣，既然选择了这条路，则必承其重，坚信自己的工作是有意义的，这是我们初入央行人应该有的信念。随着年龄和工作经验的增长，一些优秀的同事将会走上领导岗位、担任重要职务。当手中有一些权利，能否坚守信念和底线就更为重要了。当面对各种诱惑，能否坚持信念、守住底线，应时时想一想，不能因为走得太远而忘记为什么出发。共产党走过了九十几个春秋，是无数前辈奋斗而来的，我们应谨记这历史的厚重和最初的信念。

　　党的历史一路走来产生了无数的优秀品质，为每一代人注入了"红色基因"。这些品质精神无论何时都不会过时，虽然时代变迁，但这些精神的内核在哪一个时代都是适用的。央行一路走来也留下了很多优秀的品质，"铁算盘""铁账本""铁规章"的"三铁"严谨作风一直在传承。虽然现在算盘、账本都已经不再常见，但这些"基因"被注入到了每一个央行人的心中。而新的央行人需要做的，是传承和丰富这些优秀的基因，在未来复杂多变的环境中，不忘初心、砥砺前行。

不忘初心，寻根之旅

○ 金融电子化公司　李慧

　　2016年的金秋九月，有幸跟随总行机关团委组织的以"重温红色记忆·筑梦青春央行"为主题的学习实践活动队伍来到陕西铜川照金这个革命的发源地，进行一段革命的寻根之旅。以照金为中心的陕甘边革命根据地，是20世纪30年代初，由刘志丹、谢子长、习仲勋等老一辈无产阶级革命家亲手创立的、中国共产党领导的西北地区第一个山区革命根据地。这里既是红军长征的落脚点，也是中国革命走向胜利的出发点。"南有瑞金，北有照金"，这里在中国革命史上有着非常重要的意义和地位。

　　现场教学活动中，我们参观了陈家坡会议旧址，重走红军路攀登了薛家寨，之后又参观了陕甘边革命根据地照金纪念馆，瞻仰革命英雄纪念碑并敬献花篮。每一处都震撼人心，使我们受到了非常深刻的教育。

　　陈家坡会议旧址，几百年历史的大槐树旁的石桌石凳，仿佛重现着当时会议的场景。通过讲解员的讲解，我们了解到，陈家坡会议是攸关西北革命生死存亡的会议，它对于加强党对红军和游击队的统一领导，巩固和扩大陕甘边革命根据地具有重要的历史意义。会议由秦武山、习仲勋主持，最终作出了坚持并扩大陕甘边根据地、战略上开展外线作战、

照金感怀

恢复红军主力实行统一指挥的决定，正是这些决议使这次会议成为陕甘红军走向胜利的明灯，使照金根据地的红色火焰重新闪耀。

穿上红军服，我们怀着崇敬的心情攀登了革命圣地薛家寨。整座山寨地势险峻，东、南、西三面是峭壁，北面山势较缓，但丛林密布，也不易攀登。我们的登山之路，现在已经铺筑了石板台阶，设置了防护铁链，最陡的地方接近八十度。登山的艰难危险，若非身临其境，很难感受。就是在这样艰苦的环境中，老一辈革命家刘志丹、习仲勋、谢子长率领陕甘红军在这里开辟根据地，在四个窑洞中设立了红军医院、修械所、被服厂、仓库等后勤单位，建立了战壕、碉堡、哨卡、吊桥等战略设施。我深深地被老一辈革命家坚强的革命意志所折服，被他们不畏艰难的奋斗精神所震撼。对比他们当初的艰难险阻，想想我们现在平时工作学习中遇到的困难，又算得了什么呢？他们的精神，将不断激励我、鞭策我，在以后的工作学习生活中，坚定理想信念，加强自身责任感，不怕苦、不怕累，多讲奉献精神，少计个人得失，立足长远，服从大局。

最后，我们来到陕甘边革命根据地纪念馆进行参观。纪念馆展厅共两层，一层主要展出了历史资料、革命先烈留下的武器、用具等，二层主要为反映当时革命情景的照片、油画等。在讲解员的带领下，我们参观了纪念馆的各个展区，通过观看照片、实物、历史资料及与敌人奋战的场景复原等，详细了解了照金革命根据地的艰难曲折地创立、发展、壮大的全过程，了解了革命先辈艰苦卓绝的奋斗历程，深切感受到了今天美好生活的来之不易。参观完纪念馆，我们来到革命英雄纪念碑缅怀革命先烈，并敬献花篮表达我们的崇敬之情。他们将生命、个人得失置之度外，用鲜血和生命创建了人民当家做主的新中国。没有他们的抛头颅、洒热血，哪有我们今天的和平年代和幸福生活？

一天的参观结束后，脑海中浮现出来在照金第一天观看的《习仲勋》纪录片的场景，其中，一位经历过革命年代的老人眼含热泪用朴实的语言说：今天薛家寨的宁静是革命前辈用鲜血和生命换来的。现在我终于明白了老人热泪背后的含义，正是因为老一辈革命家的无私、巨大付出才换来我们今天的和平美好。我们只有不忘初心，努力工作，才能不辜负他们的付出。"初心"是根脉、是基因，只有不忘初心，记住昨天，才能明确前进的方向。不忘初心是历史根脉，是力量之源，是我们坚定理想信念、继续前行的动力。

照金感怀

牢记照金精神，继承红色基因

○ 金融电子化公司　孙国栋

　　九月的照金，秋高气爽，由总行机关团委组织的"重温红色记忆·筑梦青春央行"青年干部主题学习实践活动选择在此举行。照金小镇位于陕西省铜川市耀州区西北部，这里是红色革命时期全国主要的根据地之一，曾为革命的胜利作出了重要的贡献。习近平总书记在视察照金革命英雄纪念馆时指出，"以照金为中心的陕甘边革命根据地，在中国革命历史上写下了光辉的一页，要加强对革命根据地的研究，总结历史经验，更好地发扬革命精神和优良作风"。

一、以照金为中心的陕甘边革命根据地为中国革命的胜利作出突出贡献

　　此次学习活动中，我们通过聆听铜川市委党校陈建宏副教授讲授的关于陕甘边照金革命史及其历史贡献的专题教学课、体验在陈家坡会议旧址和薛家寨旧址举行的现场教学课、瞻仰陕甘边革命根据地照金纪念馆并敬献花篮，对照金革命根据地的历史概况及其重要贡献有了全面而深入的了解。

　　20世纪30年代，由于照金地区具有得天独厚的自然地理条件，以及良好的社会人文条件，在革命的大背景下，刘

志丹、谢子长和习仲勋等无产阶级革命家在此创立了当时的第一个山区革命根据地——以照金为中心的陕甘边革命根据地。革命志士们经过了无数次激烈的斗争，成功捍卫了根据地的胜利果实。党中央在红军长征途中因受挫而无处落脚的情况下，成功在陕甘边革命根据地完成了伟大的二万五千里长征。毛泽东同志高度评价了陕甘边革命根据地，指出"根据地为红军长征的落脚点"。同时，根据地也为中国革命培养了一大批优秀的干部人才，为夺取中国革命的最后胜利作出了突出的贡献。

二、照金精神，值得我们每一个人永远铭记于心

什么是照金精神，我认为，照金精神就是指由刘志丹、谢子长、习仲勋等共产党人带领的革命游击队，在创建和捍卫革命根据地的斗争过程中逐渐形成的，集中体现他们理想信念、精神风貌、工作作风等内容的精神品质。具体来讲，主要包含以下三个方面：

第一，不畏艰险、勇往直前的大无畏英雄主义精神。在白色恐怖横行的年代，敌我力量相差悬殊，敌人对根据地游击战士进行疯狂屠杀。但是，根据地军民没有丝毫的胆怯，敌人来了，他们勇敢与之作斗争，即使牺牲了生命，也在所不惜。在薛家寨遭到叛徒出卖被攻陷后，许多女革命同志宁死不屈，为革命献出了自己宝贵的生命。

第二，一切从实际出发，密切联系群众的实践主义精神。习仲勋等革命前辈在与反动势力作斗争的过程中，就是紧紧依靠广大人民群众的力量，团结起来，才取得最后的胜利。在巩固根据地势力的过程中，紧密团结群众，把愿意参加革命的贫苦群众吸纳到队伍当中，不断壮大。根据地的同

志们把群众利益放在第一位，没收地主的土地和粮食分给农民，得到了广大人民群众的极大拥护，在面对敌人强大的攻势下，也能借助人民群众的力量应对过去。

第三，勇于改变旧思维、不断开拓进取的创新精神。在根据地遭到国民党反动势力军队围剿和经济封锁的情况下，根据地军民为了生存下去，在薛家寨根据地山脚下建立了自由买卖的集市，使得根据地的游击队战士和人民群众能够自由买卖到自己日常所需的物品，同时，根据地对市场商贩零关税准入，周围商贩都愿意积极参与。这是我党在根据地经济建设上的一大创新举措。此外，在武器弹药缺乏的情况下，根据地红军战士利用缴获到的麻绳、铜钱等作为原料，自制了威力强大的"麻绳炸弹"，消灭了更多的敌人。

三、继承红色基因，为实现伟大的中国梦奋斗不息

照金革命根据地为我们留下了宝贵的精神财富，这些精神财富是在硝烟弥漫的战争年代形成的。当前虽然处于和平安定的年代，但是对于我们来说这些精神食粮依然弥足珍贵。因此，我们应该继承和发扬照金老一辈无产阶级革命先烈们的伟大精神，并使之转化为自己内在的基因。

司马迁云："人固有一死，或重于泰山，或轻于鸿毛。"照金革命先烈们为了革命理想付出了自己宝贵的生命，他们的死是伟大的。当前如果我们为了实现崇高的理想而勇于拼搏，那我们的一生也将会是伟大的。在当今以发展经济为第一要务的时代，创新的精神越发显得弥足珍贵，只有充分提高全民族人民的创新意识、发挥创新动力，我们才能在世界经济竞争中立于不败之地。党的群众路线，依然适用于指导当前我们的工作。"水能载舟，亦能覆舟"，人民

的政权只有依靠人民群众的力量才能长久不衰，失去人民群众的支持，那我们的工作也就失去意义，更不容易成功。在全国人民为实现民族复兴的中国梦而努力奋斗的过程中，不怕牺牲、顽强拼搏的英雄气概，独立自主的创新勇气，从实际出发、密切联系群众的工作作风，这些照金根据地革命前辈们留给我们的宝贵精神财富，值得我们继承和发扬，并逐步化作内在的基因，这样我们全民族的中国梦一定能够尽快实现。

照金感怀

不忘初心，方能所向披靡

○ 金融电子化公司　刘天华

　　习近平总书记强调："要把红色资源利用好，把红色传统发扬好，把红色基因传承好。"回望95年，在中国共产党的坚强领导下，中华儿女风雨兼程，砥砺前行，创造了一个又一个奇迹。金秋九月，我们来到陕甘边照金革命根据地，重温红色记忆，体验革命根据地的艰苦生活，感受照金大地的文化底蕴。革命先辈们在照金浴血奋战，开辟红色热土，而这方热土之下，也长眠了许多革命先烈。他们不怕牺牲、顽强拼搏的英雄气概，独立自主、开拓进取的创新勇气，从实际出发、密切联系群众的工作作风，将永远铭记在后世心中，革命先辈们用鲜血和生命筑成的照金精神，依旧激励着我们坚定不移地走共产主义道路。我党在95年征程中所缔造、所推崇的宝贵精神和优良作风，需要我们坚守、传承、弘扬，让其在新时代焕发出更加璀璨的光芒，凝聚实现中国梦的强大正能量。

　　当前，我们正在深入开展"两学一做"学习教育，进一步传承红色基因，弘扬优良传统，必将为实现中国梦，汇聚起强大的精神力量。尤其是对党员来说，入党不是一阵子，而是一辈子，尽管我们已经在组织上入了党，但不断提高党性修养永远在路上。传承弘扬红色基因，不断检视自身党性修养、思想境界、素质能力等方面的不足，见贤思齐，修身正己，从而以昂扬的斗志、务实的作风肩负起责任，不忘本来、不忘初心、不忘品格，将红色基因、红色精神注入血脉，固本培元，不断激发前行力量。

铭记历史，不忘本来

"欲知大道，必先为史"，历史是民族安身立命的根基。中国共产党在波澜壮阔的发展历程中所经历的曲折和苦难，传递了无数的感动和无限的力量，蕴藉的经验和规律，是我们最宝贵的红色基因、思想宝库和力量之源。踏访革命圣地薛家寨，沿着红军战斗过的足迹，登上巍峨的山峰，我们在石板台阶上行走依旧艰难，可以想象在这样艰苦的环境下，革命先辈们保持着坚强的革命斗志，深深地被这种奋斗精神所震撼。如今，我们的历史任务改变了，但我党的奋斗精神从未改变，传承弘扬红色基因，不忘初心才能行稳致远，不忘本来才能开辟未来。

坚守信念，不忘初心

理想因其远大而为理想，信念因其执着而为信念。毛泽东同志说过："人是需要有一点精神的。"一个民族的自强不息，一个国家的发展进步，一个政党的兴旺发达，都需要百折不挠的精神支撑。党的十八大以来，习近平总书记多次强调"坚定理想信念，坚守共产党人精神追求，始终是共产党人安身立命的根本"。传承红色基因，必须坚定崇高的理想信念，加强理论武装，加强党性锻炼。习近平总书记用"不忘初心"告诫全党，永远保持思想纯洁、信念坚定、艰苦奋斗的作风，勇于变革，勇于创新，永不僵化，永不停滞，实现中华民族伟大复兴的"中国梦"。

务实重干，不忘品格

"为了实现思想，就需要有实践力量的人"，马克思这句名言，告诉我们既要志存高远，又要脚踏实地。当前，全面建成小康社会，实现民族复兴"中国梦"的宏伟目标，是向人民、向历史作出的庄严承诺，是人民群众的共同期盼，要战胜艰巨的挑战，走向光明前景，就必须凝心聚力攻坚克难，必须迎难而上敢于担当，必须联系群众依靠人民，这就是中国共产党人的品格，正是依靠这些品格，中国共产党跨过一道道难关，正是基于这些品格，我们对未来充满信心。

回顾加入中国共产党的那一刻，举起右手，大声宣誓，我们就选择了一条充满挑战的道路，即便布满荆棘，历经坎坷，我们也要不忘党旗下的庄严，不忘初心，全心全意，方得始终，勇往直前，所向披靡！

开创者们

——致敬创建陕甘根据地的先烈们

○ 金融电子化公司　陈曦

　　来到照金第二天的清晨，我换上运动鞋，趁着大地还在沉睡，开始了晨跑。在东方还在泛白、太阳还没有升起时，跑到了山顶，驻足望着远处山间孕育着的绯红，心想，八十多年前的革命先辈们是否也是这样守望着一个又一个黎明呢？

　　和我隔山对望的陡峭山壁就是八十多年前响当当的薛家寨。1932年，刘志丹、谢子长、习仲勋等在此创建我国北方第一个山区革命根据地。薛家寨高峻突兀，地势险要，红军游击队上寨后，增筑碉堡，设岗放哨，修建防御工事，又相继在寨上建起红军医院、被服厂、修械所等单位。陕甘游击队、陕甘特委先后进驻山寨，薛家寨成为威震陕甘边的"红军寨"。国民党当局对此非常震惊，派重兵围剿照金苏区，薛家寨就是先烈们浴血奋战、出生入死保卫革命火种的重要战场。几十年过去了，当年参加保卫薛家寨战斗的老红军，来到山脚下，望着斧劈刀削、巍峨矗立、茫茫山林掩映着的皲皴岩石，满含热泪，哽咽道："这个地方，当时不知道有多少人为了它，没了……"薛家寨是山中的伟丈夫，是造物主的杰作，一群开创者们却凭着不畏艰难险阻的勇气和坚守，为了理想和信念，在这里，挥洒热血，奏响一曲曲激烈悲怆、英勇壮美的华章。

最能反映初创者精神内涵的，其实不是在革命高潮时的高歌猛进，而是在革命低潮时的浴血坚持和深深根植于内心的革命信仰。陈家坡会议正是开创者们在照金失去主力支撑的危难情况下，苦苦坚守，以游击战保护照金苏区的前提条件下胜利召开的。陈家坡会议本身也是在革命遭受巨大损失的情况下，开创者们力排众议，坚持实事求是的原则，对真理执着追求，对革命信仰的坚守，它是指引陕甘宁红军走向胜利的明灯，解决了处于革命低潮中的陕甘宁红军和党生存这个首要问题，明确了主力红军和陕甘宁革命根据地之间是相互依存的关系，制定了符合陕甘宁斗争实际的重大战略方针，具有重大的战略转折意义。

开创者们仅以大无畏的勇气和执着追求的信念，陕甘革命根据地就能创建并"硕果仅存"了吗？答案是否定的，陕甘革命根据地能够在地广人稀、经济落后、地处西北一隅的艰苦条件下创建、生存和发展的原因是：根据地的开创者们坚持把马克思主义基本原理与中国革命具体实践相结合，在实践中积极探索，创造性地制定了一系列符合陕甘地区情况的路线、方针和政策。

在参观陕甘边革命根据地照金纪念馆时，我看到了墙上的《根据地建设十大政策》。土地政策，政策灵活，没收地主及富农出租部分的土地，地主参加劳动的可以分地。财经粮食政策，特别为人称道的是，成立集市，便利交易，保护小商人，允许他们来根据地做生意。军事政策，坚持具有陕甘特色的"梢林主义"，习仲勋认为，"梢林主义"是创建农村革命根据地的马克思主义。还有当地居民，自创"麻辫手榴弹"，用穿铜钱的麻绳作引芯，在极其艰苦的条件下，成为制敌的有力武器。

正是由于开创者们的一系列创新实践，陕甘革命根据地成为中国革命重要的组成部分，毛泽东曾高度评价说，这个边区是土地革命时期留下的唯一的一个区域，保存了几千干部，认为刘志丹是"群众领袖，民族英雄"。毛泽东为习仲勋题词"党的利益在第一位"，认为他是从群众中走出来的群众领袖。这既是对陕甘革命根据地开创者的评价，也是对陕甘革命根据地全体军民的评价。

八十多年过去了，沧桑的星空，被胜利的烟火照亮，岭上又是漫山遍野花开放的时候。庄里的枪声已被朗朗的读书声取代；备战，打造枪械的日常，变成了产业化发展，勤劳致富奔小康；战时妇女们缝制被服，和平年代里，她们跳起广场舞，欣喜地试穿着通过网络买来的新衣服；开创者们用勇气、用坚守、用鲜血、用创造性的实践为我们带来了平和幸福的生活。

新的时代里，青年的荣光在远方，我们手握前辈们的接力棒，有了新的任务和目标。不忘初心再出发！让我们成为新时期的开创者，不负时代的召唤，回应人民的期待，用老一辈开创者们留下的宝贵精神财富，在接力奋进、砥砺前行的道路上，展现出青年央行人的时代作为和使命担当。

照金红色之旅有感

——"红色基因，我们传承"主题

○ 金融电子化公司　刘越洋

　　金秋九月，收获的季节，有幸参加了中国人民银行机关团委开展的"重温红色记忆·筑梦青春央行"为主题的学习教育实践活动，意在"红色基因，我们传承"，将中国共产党人精神内核传承下去，鼓舞一代又一代共产党人不忘初心，坚定前行。

　　从北京赶往西安的路上，我就对本次实践活动充满期待，以为本次活动既要学习了解老一辈革命家的光荣事迹，又要进入贫困村与村民们同吃同住同劳动，这让从小在城市里成长的我既感到新奇，又感到充满挑战。从西安驱车到照金的路上，看到连绵起伏的群山，看到郁郁葱葱的树林，看到成群结队的羊群，这使看惯高楼林立、车水马龙的我眼前一亮。到达照金干部基地时，恰好看到在夕阳西下偌大的"照金"二字镶嵌在绿色的山顶，"日照锦衣，遍地似金"此言并无夸大，恰如其分地形容了我眼前的照金。

　　来到照金干部基地的当晚，就进行了文献纪录片的学习，了解到了以照金为中心的陕甘边革命根据地，是20世纪30年代初，由刘志丹、谢子长、习仲勋等老一辈无产阶级革命家亲手创立的中国共产党领导的西北地区第一个山区革命根据地。刘志丹、习仲勋等革命家在此地创建了芋圆游击队，并改编为红二十六军第二团，形成了以薛家寨为中心的革命红色区域，确立了正确的战略战术，抵挡住了国民党对照金的围攻，包围了照金苏区。以照金为中心的陕甘边革命根据地，是后来的西北革命根据地和陕甘宁边区的发祥地，是西北红军成长壮大的摇篮，为西北革命发展提供了宝贵的经验，奠定了坚实的基础，为中国革命聚集了力量，培养了一大批杰出的人才，在中国革命史上写下了光辉篇章。通过初次学习了解这段伟大的历史，让我对老一辈革命家不怕牺牲、顽强拼搏的英雄气概，独立自主的探索精神，团结奋斗的合作精神所感染。我更加期待接下来几日的红色教育学习。

次日，我们奔赴了陈家坡会议旧址，开展"陕甘红军走向胜利的明灯"现场教学课。看到广场矗立着一座高大的马灯塑像，上面飘扬着红色的丝带。通过讲解员的讲解了解了1933年6月，红二十六军政委杜衡强行执行"左"倾路线，不顾刘志丹、谢子长、习仲勋等革命先辈的反对，强令红二十六军南下。在遭到敌人疯狂的围剿之后，红二十六军几乎全军覆没。后王泰吉率部队于耀县起义，并与渭北游击队汇合于照金，由此陈家坡会议拉开帷幕。会议召开了一天一夜，纠正了之前的"左"倾错误，明确集中领导统一指挥等重要革命政策，重建了红二十六军四十二团。建立了根据地，照金由此成为中国革命西北地区的落脚点、出发点。通过当时革命的历史教育，联想到当今社会受到启发。一是领导人的决策决定团队的兴衰，决定团队的存亡。二是团队意识很重要，一个团队的凝聚力决定这个团队的战斗力。三是每个人应当具备使命感，为自己追求的信念作出努力。

在薛家寨革命旧址举行的"重走红军路攀登薛家寨"的现场教学，了解到山寨形似葫芦，东南西三面为悬崖绝壁，山坡灌木丛生，仰视不见寨形，细看仅见草丛小道，整座山峰走势雄奇，军事上易守难攻。亲自攀登时小心翼翼，因为山路之陡高达70°，且每级台阶差度大，山路之艰，像我们这样的年轻人即便轻装上阵在此铺装石路上攀爬也气喘吁吁，叫苦不迭。可想当年的革命先烈在没有平整的路，身负装备的情况下与敌人斗争之艰。此番体验，让我们身体力行地体验了老一辈革命家为了生存，为了理想，为了信念，为了革命所克服的困难，所经历的惊险，所作出的牺牲。

在参观陕甘边革命根据地照金纪念馆时，在讲解员的带领下，我们依次参观了纪念馆的各个展区，通过观看图片、革命历史资料和革命先烈留下的实物及与敌人浴血奋战的场景复原等，详细了解了照金革命根据地创立、发展、壮大的全过程，了解了老一辈革命家的奋斗历程。在敬献花圈的环节，我怀着对革命先烈的崇高敬意深情地三鞠躬。第一鞠躬，向革命先烈追求信念，树立崇高理想不怕艰险不怕牺牲的精神致敬。第二鞠躬，向革命先烈在逆境中坚持真理，独立自主开拓进取的勇气致敬。第三鞠躬，向革命先烈审时度势，依靠群众忍辱负重，严于律己的作风致敬。

习近平总书记来照金参观指导时曾强调"要注重发挥好红色文化资源和红色教育基地的作用，让广大党员、干部群众，特别是青少年了解党史，传承党的优良作风，坚定跟党走"。看到了照金小镇的建设，看到了红色教育的宣传，看到了央行"红色基因，我们传承"主题活动的开展。坚决贯彻了领导的指示，同时此行也确实让我受益匪浅，感悟到不

照金感怀

忘初心是历史的根脉，是基因。我们要记住历史，弄清我们从哪里来，记住昨天，把握今天，明确明天，才能"不忘初心，继续前行"。

照金感怀

照金精神激励我前进

——照金培训学习有感

○ 金融电子化公司　冯庄

对于陕西，说起红色革命根据地，在我的脑海里，印象最深刻、最熟悉的，应该是革命圣地延安，以及那如诗如画的延安宝塔，还有那杨家岭的早晨等。

照金，对于我来说，一直是一个陌生的地名。

这次，有幸参加人民银行组织的照金干部学院学习培训，让我来到铜川，认识了照金这一革命老区、红色圣地。通过观看《习仲勋》等历史纪录片，参观陈家坡会议旧址，渐渐地，照金不再陌生了，她已经不仅仅是一个地名，在我的心中，她是一幅幅革命历史画卷，是一个又一个革命英雄故事，是一座又一座不屈的精神丰碑。

刘志丹、谢子长、习仲勋等革命先辈在创建西北革命根据地过程中，所表现出来的坚韧不拔的革命意志、独立自主的创新精神，像汹涌澎湃、滔滔不绝的黄河之水，深深震撼着我的心灵，使我的思想和认识受到了巨大的鼓舞和鞭策。在学习的过程中，自己暗下决心，一定要以革命前辈为榜样，牢记照金精神，学习照金精神，以实际行动和突出的工作成绩告慰革命先辈！

牢记照金精神，学习照金精神，首先要学习革命前辈不畏艰苦、勇于牺牲的革命精神。在国民党反动统治白色恐怖的年代，刘志丹、谢子长、习仲勋等离开了个人优越的生活环境，怀着崇高的革命理想，甘愿冒着抛头颅、洒热血的生命风险，以巨大勇气和不怕牺牲精神，创建了以照金为中心的陕甘边根据地，建立起了自己的武装政权。在刘志丹等人的领导下，陕甘游击队转战陕甘边境，屡挫敌军，不断扩大游击区域，并在反革命力量薄弱的山区建立根据地。虽然受到过陕西"左倾"错误干扰，陕甘游击队面临严重危机，但他们没有退缩，没有放弃，而是在刘志丹、谢子长等人带领下，在恶劣的革命环境中，继续创建了中国工农陕甘游击队，开辟了照金苏区，建立和扩大了革命政权，为中国革命胜利作出了卓越贡献。

牢记照金精神，学习照金精神，还要学习革命前辈不计个人荣辱、顾全大局的高尚品质。革命从来就不是一帆风顺的。面对革命中遇到的挫折，他们从不灰心、绝不气馁，而是坚持革命理想，勇往直前，直到胜利。1932年，刘志丹、谢子长被"左倾"机会主义领导撤销职务，被安排去甘肃军阀部队中搞兵运工作。在那样恶劣革命环境中，他们成功组织和领导了靖远起义，并成立了中国工农红军陕甘游击队第三支队。他们多次受到党内"左倾"错误的干扰，受到不公正的待遇，但是他们能够顾全大局，以革命利益为重，出色地完成了党交给他们的任务，表现出对党和人民革命事业的无限忠诚的崇高品质。

牢记照金精神，学习照金精神，就要接过先辈的革命旗帜，脚踏实地地为实现中国梦而努力奋斗。照金精神是中华民族精神的重要组成部分，是中国共产党的宝贵精神财富，同样也应该成为激发和鞭策我们年轻人为国家进步、为社会发展作贡献、尽义务的巨大动力。革命先烈用他们的革命实践为我们的国家和人民留下了宝贵的精神财富，我们年轻一代有义务、有责任担当起"红色基因"的继承者和传承人。自己作为人民银行的一名年轻员工，要牢记习近平总书记"不忘初心"的指示和要求，牢记自己走进人民银行这个光荣岗位时许下的承诺，在以后的工作生活中，要不断树立坚定的共产主义信仰，加强自身的思想修养，从"照金精神"中汲取丰富的营养，争取早日加入党组织。要立足本职，勤奋工作，将在照金培训学习中所激发出来的坚定信念和革命热情，转化成自己热爱本职、忠于职守、积极进取、不断创新的精神力量，在工作中做到勇挑重担，攻坚克难，努力在个人素养、业务水平、管理能力等方面不断进步，要保持和发扬勤劳上进、不怕苦、不怕累的精神，以饱满的情绪和良好的精神状态迎接生活与工作中的每次挑战，认真完成本职工作和领导交办的任务，力争在平凡的岗位上做出不平凡的业绩，为中国梦的实现作出自己应有的贡献。

照金随笔

○ 金融电子化公司　耿显维

2016年9月，在机关团委组织下，我来到陕西省铜川市照金红色小镇参加中国人民银行"重温红色记忆·筑梦青春央行"青年干部主题学习实践活动。照金地区是刘志丹、谢子长、习仲勋等共产党员领导创建的陕甘边革命根据地所在地，也是北方地区第一个山地革命根据地。大革命失败以后，为了坚持革命，他们在党的领导下，先后在甘肃、陕西地区组织和领导大大小小70余次武装起义和兵变，但是大多以失败告终。这让他们意识到必须建立自己的革命根据地广泛开展游击队进行游击作战。从1931年开始，他们经过英勇顽强、艰苦卓绝、曲折复杂的斗争，几经挫折终于建立了陕甘边革命根据地，并最终与陕北革命根据地连成一片，迎接红军长征队伍胜利会合。革命先烈们在这片红色热土上抛头颅洒热血，为革命胜利作出突出贡献，我们这些后辈站在照金革命纪念碑下，除了深刻缅怀革命先烈，更是要传承这些红色基因，新时期继续弘扬红色精神，开拓创新，锐意进取，不断取得新的胜利。

对于共产党人而言，红色基因是信仰，坚信革命必将胜利，坚持为人民服务；红色基因是忠诚，坚信真理，不改初衷；红色基因是追求，保持先进，坚韧不拔。红色基因是不能抛弃的传统，深蕴着艰苦奋斗、服务人民、忠诚坚定的革命精神。从前我们只是从纸面上、影像里感受这些精神，而当我们脚踏实地地站在这块红色热土上，所获得的感受是真真切切、十分震撼的。无论是从市委党校陈建宏副教授的教学课《陕甘边照金革命史及其历史贡献》，还是从现场教学课"参观陈家坡会议旧址和薛家寨"，沿着革命先辈的足迹，感受他们经历的历程，让我深切体会到革命先烈们创业的艰难，不怕牺牲，永不放弃，就算有曲折反复也要坚持到底的革命精神。

当我们来到陈家坡时，矮矮的村房、简陋的家具，还原了革命先辈当年艰苦奋斗的环境。身穿红军军装的我们聆听了义务讲解员杜天祥声情并茂的讲解，在1933年8月14日中共陕甘边特委在陈家坡召开党政军联席会议，由特委书记秦武山和军委书记习仲勋主持，会议就三支游击队统一或分散行动问题进行了激烈的讨论，最终在习仲勋的坚持下，通过民主投票，决定成立陕甘边临时总指挥部，在危急时刻，把革命的火种从"左倾"冒进主义的深渊中拯救了出来。

当我们来到薛家寨时，悬崖峭壁上低矮的岩洞就是红军战士当时生活战斗过的地方，在敌人攻打薛家寨时，发生了很多可歌可泣的故事。李妙斋烈士在战斗中牺牲后，当地拿出为父母准备的棺材为烈士收敛遗体，在敌人再次破坏后，冒着生命危险半夜偷偷地摸上山再次为烈士安葬遗体。当红军女兵战士被敌人逼至绝境时，有人用最后一颗子弹英勇就义，有人用手榴弹与敌人同归于尽，有人从悬崖峭壁一跃而下慷慨就义，这种英勇事迹层出不穷，让我们感慨万千，今日我们所拥有的全部幸福生活全部来源于革命先辈们的无私奉献和英勇牺牲，在新时期我们面对工作上的困难和挫折时，这些革命精神正是鼓舞我们的力量源泉，支撑我们不断前进。

当我们参观照金革命纪念馆后，站在高耸的照金革命烈士纪念碑下，庄严地敬礼，为烈士们敬献花圈，每一个人都思绪万千。晴朗的碧空如同刚刚洗过一般，纪念碑后面的青山绿水闪耀着不一样的光芒，革命先辈用热血染红了这片土地，把革命精神深深烙印在这里。作为后辈，作为一名共产党员，我此时此刻感受到身上的重担，只有用努力工作回报烈士们的奉献。

照金给我们留下的不只是一段简单的回忆，更是在我们心上一块深深的烙印，红色基因在这里被传承，让后世子孙永远不忘革命先辈，永远记住他们的英勇牺牲。

弘扬照金精神，传承革命传统

○ 中国银行间市场交易商协会　袁雅存

位于陕西省铜川市西北部的照金，自古乃要塞之地。1933年，老一辈革命家在这里创建西北第一个山区革命根据地——陕甘边革命根据地，照金由此成为西北革命的摇篮，在中国革命史上写下光辉绚丽的篇章。2016年9月，我非常荣幸地参加了中国人民银行机关团委组织的"重温红色记忆·筑梦青春央行"青年干部主题学习实践活动，来到照金革命根据地学习、感受，在这片红色热土上重温红色历史，感怀照金精神。

每一片红色热土都是一个常学常新的生动课堂，蕴含着丰富的革命精神和道德滋养。在照金这个革命的摇篮，学习和感悟以三种模式开启："陕甘边照金革命史及其历史贡献"的专题教学；陈家坡会议旧址、薛家寨旧址的现场教学以及"重走红军路，攀登薛家寨"的实际体验。

一、重温革命史，感怀革命精神

毛主席曾说过："陕北有两点，一是落脚点，一是出发点，没有陕北就不能下地。"陕甘边革命史是一部在失败和牺牲中顽强拼搏的光荣历史，也是一部在实践中不断探索创新的奋斗史。在这里，刘志丹、谢子长、习仲勋等老一辈无产阶级革命家浴血奋战，历经土地革命、抗日战争和解放战争，为中国革命的胜利发挥了不可替代的作用。他们在革命曲折的历程中，总结经验教训，把马列主义的普遍真理同陕甘边的革命斗争实践相结合，走出了一条紧密联系群众、建立革命根据地的正确道路。后来，在"左"倾错误导致革命斗争遭到严重挫折的严峻形势下，习仲勋等人主持召开了著名的"陈家坡会议"，紧密联系西北革命斗争实际，作出了向南梁进军的重大战略决策，扭转了危局，挽救了照金苏区，使得西北革命得以持续发展。这些无不体现老一辈革命家开拓创新和实事求是的态度，以及顽强拼搏、不怕牺牲的大无畏精神。

二、攀登薛家寨，重走革命之路

为了更深切地感受革命的不易，我们沿着当年红军的足迹，攀爬了薛家寨。作为红军的后方基地，薛家寨东、南、西三面全是绝壁，崖下灌木丛生，仰视不见地形，只有一条石阶小路通向崖顶。作为军事要地，易守难攻。这也意味着我们的革命先辈当年建立根据地之艰辛、生活条件之艰苦。狭长的台阶平均有45度角，险处可达70度，一路攀爬到崖顶，只能手脚并用。在这种艰苦的条件下，我们的革命先辈不仅利用崖壁上凹裂的岩洞修建了军医院、修械厂、被服厂、仓库等4个红军寨，还要在这里抗击敌人，保障革命胜利，这是一种极其伟大的坚韧不拔的精神和革命意志。重走革命之路，我深深地被老一辈无产阶级革命家攻坚克难、不畏艰险的奋斗精神所折服。

三、弘扬照金精神，传承革命传统

在接受革命传统教育、亲身走过革命之路、体验老一辈革命家当年的不易之后，也更深刻理解了浴血奋战中的照金精神——"不怕牺牲、顽强拼搏的英雄气概，独立自主、开拓进取的创新精神，从实际出发、密切联系群众的工作作风"。作为一名共产党员，作为红色基因的传承者和实践者，虽然祖国正处于太平盛世，我们在珍惜现有幸福生活的同时，不可忘却这些英勇的历史，更应坚定理想信念，不怕困难，勤于探索，勇于负责，敢于担当。牢固秉承全心全意为人民服务的宗旨，切实树立服务群众的精神，从最现实、最直接的问题入手，把本职工作做好做优，共同为中华民族伟大复兴的宏伟目标而努力奋斗。

"一切向前走，都不能忘记走过的路；走得再远，走到再光辉的未来，也不能忘记走过的过去，不能忘记为什么出发。"革命意志，薪火相传。在党中央、国务院的正确领导下，在老一辈无产阶级革命家的精神照耀下，我们必将追寻他们的足迹，继承他们的遗志，沿着他们开创的革命道路，在建设社会主义现代化强国的进程中奋勇前行！

铭记革命历史，传承照金精神

○ 中国银行间市场交易商协会　郭杰

2016年的初秋时节，我们来到了"日照锦衣，遍地似金"的陕甘边革命根据地的起源地照金，参加总行"重温红色记忆·筑梦青春央行"的青年干部红色教育学习实践活动。通过几天理论和实践相结合的学习，让我受益良多，感慨万千。

通过铜川市委党校陈建宏教授《陕甘边照金革命史及历史贡献》的专题教学课，我了解了以照金为中心的西北革命根据地的艰难发展史；深切感受到了刘志丹、谢子长、习仲勋等老一辈革命家浴血奋战、奋不顾身的革命精神；明白了毛主席在中共七大中所述的陕北作为红军长征结束的落脚点和抗日战争的出发点的历史意义。通过亲临陈家坡会议旧址、攀爬薛家寨旧址、参观陕甘边革命根据地照金纪念馆、瞻仰革命英雄纪念碑的现场教学课和体验课，我更生动、更深刻地认识到了陈家坡会议这一历史转折点对于挽救照金苏区的重要性；切身感受了薛家寨的险要地势和艰苦革命生活，知道了女游击队员英勇跳崖的壮烈故事；见识了革命史物和史料的鲜活真实，学习了革命英雄（很多无名和无照片记载的英雄）的英勇事迹和坚定信念；铭记了陕甘革命前辈们"实事求是、团结群众"的照金精神和"大无畏、不怕牺牲"的革命精神。

革命先辈们在照金这块红色土地上，建政权、闹翻身，艰难创建并拼尽全力保留了西北革命根据地，缔造了"坚定信念、不断探索，实事求是、勇于创新，坚韧不拔、顾全大局，忠诚于党、敢于牺牲"的照金精神。意大利哲学家克罗齐曾说"一切历史都是当代史"。我们应该时刻牢记这段艰苦卓绝的革命历史，将照金精神世世代代传承下去。

传承照金精神就是要实事求是、脚踏实地。1933年5月，杜衡推行王明"左"倾教条主义方针，强令红二团南下，结果遭到国民党的围追堵截，几乎全军覆没，仅剩刘志丹、王世泰等领导骨干六七十人分散回到照金。面对如此严峻的形势，习仲勋等人主持召开了著名的"陈家坡会议"，根据实际情况，形成了统一领导、打小仗，积小胜为大胜的决定。从而扭转了危局，挽救了陕甘边，使红军日益壮大，根据地日益巩固。在金钱和权势的诱惑繁多的当今时代，我们共产党员更应该排除杂念，平心静气地做好本职工作。尤其是涉及多方利益的关键问题上，更不能犯糊涂，触碰红线，要以实事求是的态度、客观公正的作风处理棘手难题。

传承照金精神就是要坚定信念、敢于拼搏。在开创陕甘边革命根据地过程中，刘志丹、谢子长、习仲勋等一批领导者，面对艰苦环境、缺粮少药、"左"的错误干扰、国民党当局的"围剿"、与上级失联等重重艰难，凭借坚定信念，不畏艰难险阻，顽强拼搏，独立自主地巩固和发展根据地。习近平总书记也强调，理想信念是共产党人精神上的"钙"，理想信念不坚定，精神上就会缺"钙"，就会得"软骨病"。要想实现总书记提出的中华民族伟大复兴之中国梦愿景，需要每个党员、干部共同努力奋斗。作为人行系统中的一员，要坚定信念，保持高度的责任感、使命感，不怕困难，努力拼搏，为建立良好的金融生态环境、促进银行间市场规范有序发展作出自己的一份贡献。

传承照金精神就是要勇于创新、开拓进取。1933年10月中旬薛家寨失守后，刘志丹、习仲勋等老前辈将根据地的中心转移到南梁地区，并把我党和马列主义的革命理论与陕甘边实际相结合，创造性地开展革命斗争才使得陕甘边革命根据地逐步发展成为西北革命根据地，为中国革命作出了重大贡献。新时代、新景象，我们也要像老一辈革命家一样，面对新时期的种种挑战，根据形势的变化，积极探索解决问题的新思路、新方法，勇于担当重任，肩负起开拓创新的责任，勤思考方式方法、多总结经验教训，为实现"央行梦"乃至"中国梦"奋斗终生。

传承照金精神就是要团结群众、同甘共苦。在根据地建设中，苏维埃政府实行土地革命，给人民群众土地，同时也给地主、富农留一定的土地，使其自食其力；对地方民团、绿林武装实行统战，团结了一切可以团结的力量。习仲勋在担任陕甘边区苏维埃政府主席期间，始终把群众工作放在第一位，经常走街串户、访贫问苦，非常受群众欢迎。因此在我们日后的工作中也要走群众路线，制定政策和规章制度时不能闭门造车，多调研多询问群众，此次的金融扶贫调研活动，就给我们这群机关的青年干部提供了一个深入基层、了解民生、倾听民意、团结群众的大好机会，对于以后制定符合实际、贴合基层群众需要的政策提供了帮助，所以我们要好好利用这次机会，与人民群众同吃同住、同甘共苦，为他们开金融讲座，普及金融知识，切实为金融扶贫事业出一份绵薄之力。

此番照金之行，我们应当铭记革命历史，珍惜老一辈革命家流血牺牲为我们换来的幸福生活，将照金精神传承下去，并继续发扬光大，让它指引我们走向光明美好的未来！

照金感怀

新时代下的红色精神

○ 中国银行间市场交易商协会 李芳竹

精神是一个民族的文化气质和文化品格，深刻影响着民族的生存发展。习近平总书记提出坚持"坚定执着追理想"，要求我们党在新的时代条件下，继承发扬革命精神和优良传统，传承好理想信念的红色基因。红色，寓意信仰，象征光明，凝聚力量。红色精神是中华文化精髓的传承，是中华民族的优质基因，从广义角度来看是指中华民族历史长河中积淀的优良传统，从狭义角度来看是指中国共产党经历过血与火的考验锻造出的优秀品质。

井冈山精神、长征精神、西柏坡精神、红岩精神、大庆铁人精神、雷锋精神、两弹一星精神等都是中国共产党的精英们经历过血与火的考验铸就的红色基因。红色基因在不同的历史阶段、不同的斗争形式、不同的社会态势下体现出不同的时代风貌，但核心特质是一脉相承的，其精髓是坚定信念听党指挥、解放思想实事求是、敢闯新路求真务实、艰苦奋斗无私奉献。正因为有了这些红色基因，中国革命和建设才取得了让全世界瞩目的惊人业绩，中华民族才能扬眉吐气。

在现阶段继承和发扬红色基因具有必要性和现实意义。如今利己主义、拜金主义以及各种腐败现象，在社会上泛

照金感怀

滥，形成具有腐蚀性的社会环境。党的十八大以来，以习近平同志为核心的党中央严厉打击腐败，重点转变作风，取得了明显的成效。但也要看到，党的革命精神要真正得到大力弘扬仍然任重而道远。另外，在全球化的时代背景下，不同思想文化之间相互激荡，这一方面有利于文化间的交流和借鉴，但另一方面也带来了文化独立和文化安全上的严峻挑战；而市场主体经济利益的差异性，也必然会导致人们思想观念上的多样化。最后，作为生力军的80后、90后年轻干部给社会建设带来了新鲜血液，有助于推动与时俱进，但年轻党员与革命前辈在思想上存在差异也是自然的。年轻干部大都没有经历过艰苦生活的锻炼，一些人缺少基层工作经验以及与群众同甘共苦、打成一片的经历，对党的优良传统缺乏深刻理解；一些人事业工作方面存有功利色彩，对组织需求、人民利益相对考虑较少，甚至对人民群众缺少感情。

传承红色基因应将继承与发展结合起来。继承是为了能够使革命精神继续发挥更大的作用；发展是为了使革命精神适应于新的时代，从而更好地得到继承。红色基因有着诸如"坚定理想""艰苦奋斗""实事求是""为民服务"等不变的核心内涵。但是我们也要看到，其具体内容和表现形式必然要适应新的历史方位的要求而不断完善、充实和发展。

在思想上，传承红色基因要求我们做理想信念的坚定信仰者、忠实践行者。一是坚定政治信仰，恪守政治规矩。要学习革命先辈英雄事迹，矢志不渝追求真理。二是涵养核心价值，砥砺高尚情操。勤于自省，慎独慎微；要提升道德境界，自觉远离低级趣味，自觉抵制歪风邪气。三是认准目标方向，立足岗位进取。要践行"三严三实"，在辛勤劳动中追求价值，在悉心奉献中报国为民。四是不惧艰难险阻，敢于负重担当。要在困难挫折面前，发扬百折不挠、无坚不摧的英雄气概。

在行动中，传承红色基因要求我们坚持实事求是闯新路。一是从实际出发谋事创业，想问题、作决策、办事情符合客观规律。二是坚持理论联系实际。能够指导实践的理论才有鲜活的生命力，接受理论指导的实践才是科学的实践。三是以客观实际为参照创新创造，把握不断变化的客观实际，摸清各项工作和事业的发展规律，在深化对规律的认识中开拓进取。四是以改革的思路破解难题。当前形势发展复杂多变，各类矛盾问题频发。要破除僵化思维和惰性思维，以改革的思路破解难题，开拓新路。

人无精神不立，国无精神不强。传承红色基因，关键是要有一个明确的奋斗目标：我国正处于爬坡过坎的发展关键期，"两个一百年"目标渐行渐近，国际社会动荡不安，深刻的变革中，矛盾困难在所难免。这尤其需要我们弘扬红色精神，方能保持定力，远离浮躁，矢志不渝，立足本职，敬业奉献，为国家富强、民族复兴的中国梦贡献力量。

学习红色精神，树立崇高理想
为中国特色社会主义伟大事业贡献力量

○ 中国银行间市场交易商协会　余聪

　　经过这次陕西照金陕甘边革命根据地的培训学习，我们新入行的青年同志们受益匪浅，感触良多，我们对老一辈革命先烈浴血奋战，为新中国的解放事业所作出的巨大牺牲有了重新的认识和了解；对革命先烈红色革命精神、坚定的共产主义信念有了全新的理解；对推动中国特色社会主义伟大事业的发展有了更加坚定的动力。

　　我们深切体会到了革命先烈的红色基因，它是我们中国共产党人的精神内核，鼓舞着我们一代又一代的共产党人不忘初心，坚定前行。我们在此次培训学习过程中，认真听取了马行长对红色金融先驱们的介绍，了解到了革命先辈们的艰苦与不易；同时，我们还参观了陕甘边革命根据地照金纪念馆，并向革命英雄纪念碑敬献花篮，瞻仰革命先烈，我们看到在照金这片红色热土上，老一辈革命家抛头颅、洒热血，无所畏惧的革命豪情，生动而又深刻地诠释着、演绎着、实践着红色基因的内在含义。我们这群参加培训的青年干部通过这次学习和实践，在思想上受到洗礼、心灵上受到感触，我们对红色基因有了传承和升华。

培训期间，我们参观了薛家寨和陈家坡会议旧址，切身感受到了陕甘边革命根据地对红军长征胜利乃至全国解放胜利的伟大历史意义。陈家坡会议是中共陕甘边特委在革命斗争连遭严重挫折的危机关头，召开的一次具有历史意义的重要会议，在西北革命前途的关键问题上作出了正确的决策。会议对保卫照金苏区起到了决定性作用，解决了处于革命低潮中的陕甘边党和红军生存这个首要问题，制定了符合陕甘边斗争实际的重大战略方针，解决了长期没有解决的发展战略和战略基地问题，具有重大战略转折意义。同时，会议考验和选择了一批坚强正确的领导人，习仲勋、张秀山和高岗等人也起到了中流砥柱的作用，为今后党和红军的发展奠定了重要的基础。

　　革命的精神代代相传，历史的火炬正传递于我们手中，我们正感受着这份热得发烫的期盼。我们的血液中流淌着不屈与坚定，应着革命先烈的呼唤，追随着他们奔波的脚步，我们定会坚韧不拔，让历史的火炬代代相传。让我们沿着革命先烈的足迹继往开来，让我们接过新中国的责任和火炬。革命精神给我们青年干部带来深刻的启示：

　　第一，崇高的理想和信念是我们共产党人战胜一切困难和艰险的精神支柱。我们共产党人要树立崇高的理想，学习照金苏区伟大的红色精神，始终要有坚定的共产主义信念，坚定全心全意为人民服务的宗旨，发扬我党勤俭节约、艰苦朴素的优良传统，争做勤俭节约风尚的示范者和践行者。我们要全力推动中国特色社会主义伟大事业建设，无论逆境还是低潮，我们一定要扬起信念的风帆，学习革命先烈照金苏区伟大精神。

　　第二，学习照金精神，不畏艰难险阻，形成一种思想观念、价值趋向和作风规范。照金精神是以刘志丹、谢子长、习仲勋等老一辈革命先烈为代表的共产党人，创建以照金为中心的陕甘边革命根据地，照金精神是伟大的长征精神的支脉，是井冈山精神孕育滋养的传承，也是宝贵的延安精神的重要起源地，是延安精神的重要组成部分。我们要继承和发扬照金精神，为祖国建设贡献力量。

第三，传承红色基因，在新的社会主义现代化建设大背景下，发挥自己的光和热，推进祖国的特色社会主义现代化建设事业。通过照金精神的学习，我们感到自己肩上的重大责任，肩负起我们新一代共产党员的责任，在新的形势下，结合我国的社会主义现代化建设的实际情况，不断努力和奋斗，在不同的社会岗位上，贡献出自己的力量，推动中国特色社会主义伟大事业奋勇前进!

以史为印，砥砺前行

○ 中国银行间市场交易商协会　张嘉洋

　　照金，一个古老的名字，一个美丽的小镇。相传隋炀帝巡游至此，曰"日照锦衣，遍地似金"，故而得名。2016年9月20日，"重温红色记忆·筑梦青春央行"青年干部专题培训班开课，我也第一次来到这个美丽的小镇。短短几天的培训，行程十分紧凑，有课堂教学，也有现场授课，我们攀登了薛家寨，也参观了陕甘边革命根据地照金纪念馆。在一次次重回历史的旅途中，我被革命先烈们顽强的意志与百折不挠的精神所深深震撼。

　　在这一次照金之行中，给我震撼最大的是陕甘边革命根据地照金纪念馆中的一幅巨型图片。图片是由一张张彩色与黑白照片组成，彩色照片中是人们洋溢着幸福的笑脸，有男有女，有老人，有孩子，他们的笑容中充满了对生活的热情与满足；黑白的照片则是在陕甘边革命根据地壮烈牺牲的英雄们，他们多数都还年轻，仍有着大半的人生没有走完，他们的眼中是对革命事业坚定的信心。历史与现实第一次如此激烈地在我眼前碰撞，那曾经被我当作理所当然的一切来得却是如此的不易。没有这些革命先烈们的抛头颅、洒热血，就不会有我们如此美好的今天。

　　根据革命先辈们在照金浴血奋战、开创革命根据地的史实，人们总结了照金精神：不怕牺牲、顽强拼搏的英雄气概；独立自主、开拓进取的创新勇气；从实际出发、密切联系群众的工作作风。而在那个"星星之火，可以燎原"的红色年代，全国各地的共产党员们都在自己的岗位上默默为共产主义事业奋战，形成了各具特色的延安精神、井冈山精神、瑞金精神和长征精神。这些词语也许听起来有些空泛，但正是在这样一种伟大精神的支持下，我们的革命前辈们放弃舒适的生活，投身革命事业，为了人民的利益甚至不惜牺牲生命；正是在这样的力量的推动下，一个最初只有几十人的政党，在重重追剿围击下，依然发展壮大，最终走到了历史舞台的中心。

成功从来都不是偶然的。中国共产党能够带领中国人民跨越艰难险阻，建立新中国，这是一种必然的结果，是历史和人民的选择。这一切成果的背后，是千千万万共产党员的努力拼搏与无私奉献。他们始终将为人民服务放在第一位，为了人民的利益，为了祖国的复兴，他们抛头颅、洒热血。从共产党成立之初的革命前辈，到我们身边一个个在自己工作岗位上默默奉献的普通共产党员，这样的精神代代传承；也正是在这样的传承下，中国共产党在经历了九十多年的风风雨雨后，依然保有着强大的生命力。

在我的家中，也有着这样的传承。我的外公农民出身，是我们当地最早加入共产党的同志之一。已年逾八十的外公，仍然保有着对党和国家最为朴素的热爱：虽然听力逐年下降，老花也越来越严重，但他仍然能够如数家珍般给我们讲述党的历史，清楚地阐述党章的内容；他每天都坚持阅读报纸、看新闻联播，关注着党的各项政策和国家大事。从小我就听外公讲述党的历史，在课本、电视及报纸上看到一个个感人的英雄事迹。在大学时，凭借着满腔的热情和对共产党坚定的信念，我递交了入党申请书。我还记得撰写入党申请书时反复修改措辞那郑重的心情，还记得宣读入党誓词时澎湃的心潮。到现在，我成为一名共产党员已超过四年，我也越发庆幸自己当初作出了这一选择，这是一条更加辛苦、也更加荣耀的道路。成为共产党员后一股油然而生的责任感和义务感让我在工作与生活中都开始更加严格地要求自己。我开始更加关心国家大事，希望能够更多地知道党和政府制定的每一项政策会如何影响人民群众的生活；在工作与生活中遇到困难，我会用自己共产党员的身份激励自己，督促自己迎难而上。

　　在得知我成为一名共产党员后，外公非常欣慰，用他的话说，就是"家里又多了一名共产党员，共产主义事业又多了一个接班人"。也许现在的我还不是一个合格的接班人，但我相信自己能够不断进步，成为一名合格的共产党员，好好地接过前辈手中的接力棒，再将它完整地传承下去。

"重温红色记忆，筑梦青春央行"
体验教学有感

○ 中国银行间市场交易商协会　张亦辰

　　中国人民银行组织的"重温红色记忆·筑梦青春央行"青年干部主题学习实践活动在照金这个红色小镇顺利开展，而我也有幸作为一名学员参加了此次学习实践活动。在活动中，我与同事一起参与了体验教学，即参观了陈家坡会议遗址，攀登了薛家寨，参观了陕甘边革命根据地照金纪念馆并瞻仰革命英雄纪念碑。这一系列的活动让我对于陕甘边革命根据地的历史和革命先烈的英勇事迹有了更加深刻的认识。

　　在参观陈家坡会议遗址时，一位姓杜的讲解员给我留下了深刻的印象。这位近70岁高龄的老人从2011年开始在这里做义务讲解员、管理员、保洁人员和安保人员。他向我们介绍了陈家坡遗址取得的种种成绩后，还亲切地用陕西话给我们唱了一段顺口溜，把陈家坡的故事生动形象地展现在我们面前。老人用朴实的话语表达着自己对于老一辈革命家的感激，也表达了对于现在幸福生活的珍惜。

　　看着杜老的身影，我不禁深受感触，这难道不就是老一辈革命家红色精神的传承么？我们生活在幸福的和平年代，远离了战争的痛苦，但是这并不代表革命先烈们的不怕牺性、顽强拼搏的精神就不需要我们学习和继承，只是需要改变一种形式，把这种精神与当代实际相结合，真正落实到行动上。杜老自愿担任陈家坡会议遗址的讲解员，不求回报，细心照料遗址，这就是他对于红色精神的传承。他用自己的实际行动，报答着对于老一辈革命家的感激，表达着自己忠实的信仰。我发自肺腑地觉得我应该向他学习，学习他这种自发的责任感和坚持，学习他的感恩之心，学习他对于信仰的执着，学习他将红色精神真正融入到实际行动中。

攀登薛家寨活动也给我留下了深刻的印象。在了解了薛家寨的历史背景后，我与战友们一同开始攀登。薛家寨的台阶非常陡峭，平均角度在45度左右，最陡的地方有75度。由于我平时锻炼较少，在爬到一半左右的时候，身体出现了较为明显的反应——腿胀疼，头晕恶心，大量流虚汗。而我深受感动的就是有战友一直陪伴着我，不断地告诫要保持耐心，并一直鼓励、帮助我。虽然我俩是全排最后登上薛家寨的学员，但是在登上最后一个陡峭的台阶后我还是感到非常自豪与兴奋。重走红军路，不仅体验到了红军当年驻扎在薛家寨的不易，更让我感受到了战友之间相互帮助与扶持、相互鼓励与安慰的力量，而这种力量，不正是红色基因传承到当代的具体写照么？遥想红二十六军第二团因杜衡的错误方针南下几乎全军覆没，并由于其被捕后叛变，导致陕西党组织遭到空前的破坏。再加上当时国民党军疯狂"围剿"，可以想象那时候革命根据地内忧外患，情况十分危急。但习仲勋等老一辈革命家依然没有放弃，他们不断艰苦奋战，等待着转机。与老一辈革命家们相比，我们现在生活中遇到的挫折和苦难真是不值得一提。时代在变化，但革命家艰苦奋斗、不轻言放弃的革命精神不应该就此被遗忘，反而应该发扬到现代，与实际结合，党员在工作和生活中能吃苦耐劳，能够坚定信念达到人生目标。

　　最后我们参观了陕甘边革命根据地照金纪念馆并瞻仰革命英雄纪念碑。在纪念馆中一件件当年的物品把我们拉回到了那个贫苦却充满智慧的年代，一幅幅有震撼力的油画给我们展现了红军英勇的英姿。这些伟大的革命先烈，每一位都有着感人的故事，每一位都有值得我们学习的品质。

　　通过以上这些学习，我对于陕甘边革命根据地的历史有了深入的了解，更重要的是对于老一辈革命家的精神有了更深刻的理解。他们为了全体人民的利益，不怕牺牲、顽强拼搏和甘于奉献的勇气深深感动了我。也许，在这个市场经济高度发达的时代，物欲横流冲击着人们的观念，私利一时间甚嚣尘上，似乎奉献是很遥远甚至很傻的事，但我们共产党员就是要时刻不忘初心，甘于奉献，始终要足够接地气，把人民利益放在第一位。这是我们的历史根脉，也是我们的力量之源。让我们继承并发扬革命前辈的精神，把红色基因永远传承下去！

传承中国梦

○ 中国银行间市场交易商协会　庞有明

十分感谢总行领导的精心安排，在我们这一群年轻人加入总行这个集体一年之际，带领我们来到革命根据地陕西铜川，学习党的革命精神，秉承艰苦卓绝的作风，实践"从群众中来，到群众中去"的理念。生在和平年代，成长在社会主义事业蓬勃发展阶段的我们，与其说是来重温革命先烈的壮烈事迹，倒不如说是来学习和体会革命家们的伟大情怀。在土地革命战争时期，中共陕西省委在党中央的正确指导下，用工农武装的方式打下全中国解放事业的基础。当年，在老一辈革命家刘志丹、谢子长、习仲勋等几年的努力下，南梁游击队建立，并成为陕甘边界共产党领导的武装力量。之后，刘志丹、习仲勋等以南梁为中心，逐步创建了陕甘边根据地，并选举产生了陕甘边区苏维埃政府，统一了西北革命根据地，为社会主义革命事业作出了不可磨灭的贡献。

虽然，革命时代已经过去，但是我们依然要铭记革命先烈的壮烈事迹，深入学习伟大的革命精神，并转化为内在的价值理念，在社会主义建设时期也大有裨益。我们这一代人，物质生活水平大大提高，相比之下，精神生活并没有得到相应的重视，过于享受享乐，安于现状，缺乏奋斗精神。作为党员的我们应当做好表率，主动学习红色革命精神倡导的艰苦奋斗，刻苦勤劳的品质，强调社会责任，充分利用红色革命精神的积极功能，帮助我们提高思想水平、道德修养和心理素质。革命战争年代和社会主义建设实践中所形成的井冈山精神、长征精神、延安精神等，蕴含着爱国为民、坚定信念、艰苦奋斗、实事求是、不怕牺牲、敢于胜利等精神，这些精神是新民主主义文化和社会主义文化的精髓，是中华民族精神的升华，是社会主义先进文化的重要渊源，为我国的社会主义建设作出应有的贡献，为民族的伟大复兴添砖加瓦。中国人民银行是在国务院领导下的职能部门，肩负着宏观调控及制定货币政策、维护金融稳定等艰巨的责任。作为人民银行系统的一名工作人员，我应该认真实践红色革命精神，提高大局意识，为实现中国梦作出应有的贡献。在本职工作的基础上，我将从以下三点深入开展学习实践：

一是加强对党中央重要文件的深入理解。党章是我党领导国家建设社会主义和谐社会的最根本纲领，明确了我党的重要使命，并对每一位共产党员提出了具体要求。学习党的历史，学习革命先辈和先进典型，一方面帮助我理解了党在我国建立社会主义民主制度时期的决定性作用，另一方面也是我日常开展工作、参与组织生活的重要学习榜样。长期以来，我党十分注重党员作风建设。前期，我还认真学习《中国共产党廉洁自律准则》《中国共产党纪律处分条例》等党内法规。党员要保持共产主义信仰，守规矩、讲纪律，并做到知行合一，将理论学习转化到实际工作中来。

二是努力提高大局意识并做好本职工作。"实现中华民族伟大复兴的中国梦"是每一位中华人民共和国公民共同努力的目标。自改革开放以来，我国经济发展迅速，人民生活水平日益提高。但近年来，随着全球经济结构调整，我国经济增速下行压力较大。在我国经济增长速度换挡期、结构调整阵痛期、前期刺激政策消化期，"三期叠加"的特殊阶段，协会作为由市场机构自发成立的自律性组织，应为贯彻落实党中央、国务院关于"积极扩大直接融资，显著提高直接融资比例"方针政策做好相关的服务工作。作为协会的一员，我应当坚持协会"自律、创新、服务"的宗旨，在协会领导的指示下，根据部门工作安排，在职责范围内更好地为市场机构开展相关业务提供支持。

三是密切联系群众并做好宣传工作。长期以来，我党的政治优势是密切联系群众。在日常工作中，我要以一名合格党员的身份严格要求自己，发挥先锋模范作用，同时向群众宣传党的政策方针与先进思想，经常与群众开展讨论，相互学习，与群众之间建立牢固的信任感，积极向党组织反映群众的实际需求与思想动向，为全民践行社会主义核心价值观而努力。

新时代的红色基因

○ 中国银行间市场交易商协会 甘霈原

红色,是一个对于中国人具有太多特殊含义的颜色。它不仅仅象征着吉祥、喜庆和激情,也渲染着我们记忆中那一段荡气回肠的历史。瑞金、井冈山、遵义、延安……那些长辈们口中讲述的峥嵘岁月,那些教科书中记录的辉煌往事几乎是我们这一代人孩提时代共同的红色记忆。从最初的星星之火,直至胜利的曙光照耀整个华夏大地,面对敌众我寡、敌强我弱的形势,革命先烈始终信念坚定,用鲜血和生命为后人铺就了一条通往幸福与光明的道路,也用精神和意志托起了一个民族不屈的脊梁。这融入历史长河中的精神血脉和红色基因也成为中华民族的精神瑰宝,生生不息,代代相传。它孕育了永不言弃的抗震救灾精神、北京奥运精神、航天精神……鼓舞着一代又一代中华儿女为了中华民族的伟大复兴而勇往直前。

光阴荏苒,日月如梭,历史的车轮承载着那些曾经鲜活的记忆渐行渐远,只为我们留下一个和平美好的时代。只是,我们是否会因为生活的安逸而忘记对祖国所肩负的重任?我们是否会因为岁月的流逝而忘记祖辈们所留下的光荣印记?答案当然是否定的,红色基因既是历史的,也是现在的,更是将来的。我们不会因时间的流逝而放弃那该铭记于心的红色内涵，而是应坚定理想信念，把红色革命传统与个人行为结合起来，以实际行动传承红色基因。

我们要有坚定的信仰。"人生是一场驾驭心灵和时间的旅程，十之八九是艰辛，幸福不过一二。驾驭者是英雄，被驾驭者必然沉沦。"不久前，我们走出象牙塔步入社会，满怀美好的憧憬与期待开始了自己的另一段追梦之旅。然而当梦想照进现实，我们未来恐怕难免会蒙受挫折和苦难，会遇到名利的羁绊，会受到流俗的诱惑，甚至会遭遇人性的背叛。当利益成为唯一的价值，很多人把信仰、理想、道德都当成交易的筹码。我们如何才能不因心灰意冷而随波逐流？沉浸在缤纷繁复的物质世界和充满各种关系网、潜规则的转型期社会，我们怎样才能不迷失在实现理想的道路上？面对社会不公、人心不古，我们如何才能避免沉没于现实与世故之中，依然坚守最初的梦想？答案是坚持坚定的信仰。"当许多同龄人都陷入时代的车轮下，那些能幸免的人，不仅因为坚强，更因为信仰。"像革命先烈一样，坚定内心的信仰，坚信始终保持追求公平正义、止于至善的内心，我们不忘初心，方得始终。

我们应树立远大理想。"理想是石，敲出星星之火；理想是火，点燃熄灭的灯；理想是灯，照亮夜行的路；理想是路，引你走向黎明。"我们所处的世界在过去的几十年中正以令人惊异的速度向前发展。祖国的繁荣昌盛给我们提供着优越的物质条件，日新月异的科技发展给未来提供无限可能性，而经济全球一体化带给人们广阔的全球化视野，我们真真正正地站在时代这个巨人的肩膀上。也正因我们站得高，我们理应看得更远。我们躬逢盛世，更应该心怀梦想，追寻大道，肩负起对国家、对民族、对社会、对人类未来的责任。生命的意义不在于对生活苦难的规避和对物质享受的追求，而在于精神理想的高远和对美丽心灵的向往。一个人的理想只有和全民族的共同理想融合在一起才更有价值。我们不应该只是一个精致的利己主义者，而应该站在国家、民族、社会、人类未来的视野中去思考问题和付诸行动，应该生活在广阔而深邃的时空格局中，做"中国的脊梁"，做一个真正对社会有意义的人。

我们要坚持实事求是的精神，勤于学习，勇于探索。"路漫漫其修远兮，吾将上下而求索"！我们应永保真理的求索之心，始终坚持对未知、对真理的求索精神，一切从实际出发，理论联系实际，实事求是，在实践中检验真理和发展真理。功崇惟志，业广惟勤。不断顺应社会的发展要求。

革命胜利来之不易，千秋伟业筚路蓝缕。以史为鉴，可知兴衰，在风云暗涌的和平岁月里，作为中华儿女的我们须不负肩之使命，传承红色基因，为希望前进、为梦想勇敢、为成功坚持、为幸福奋斗、为美好付出、为信仰不懈。在责任与担当中前行，为了祖国更加美好灿烂的明天而努力奋斗。如此，也足以告慰先烈英灵。

在路上
——"红色基因，我们传承"

○ 中国银行间市场交易商协会　肖真妮

　　2016年9月，我有幸参与人民银行机关团委组织的2016年度青年干部培训，来到陕甘边革命根据地的重镇照金，接受了系列红色主题教育。如今的照金，已是一个安静祥和的旅游镇，风景秀丽甚至不输欧洲的避世小镇，但短短几天的受训，却把曾经的峥嵘岁月一一呈现在我们面前，国家命运前途未卜的年代里的隆隆炮声也在耳边时时回响。翻开近代史的厚重书卷，在照金这片土地上，刘志丹、谢子长、习仲勋等革命志士矢志不渝、百折不挠地发展革命事业，他们的伟大思想、革命情怀、处事智慧以及对土地、对人民、对祖国的深情深深感染了我，让我对红色精神有了新的认识。在他们身上，有太多和平年代出生的我们难以想象的苦难，也有太多值得身为进步青年的我们学习的特质，最打动我的，主要是以下几点：

　　一是百折不挠、置身事外的心境。革命路途中充满挫折和反复，比如习仲勋同志，一生之中经历冤屈、坎坷、磨难，革命之中的种种艰险困苦、九死一生尚且不提，在党的非正常生活期间也经历了外人难以想象的冤屈痛苦。根据其子习远平的追忆文章，1962年，习仲勋因小说《刘志丹》遭遇诬陷入狱，一家人有的劳改、有的插队，流离四方，甚至不知父亲是否尚在人世，7年之后一家人终得相见之时，父亲对他说的第一句话竟是，"你是近平还是远平？"，儿识父而父不识子，读来令人潸然。但7年多的牢狱生活并未改变习仲勋的信念，在牢狱中仍一直准备继续为党和人民工作，坚持每日锻炼、背诵名篇著作，在冤案昭雪出狱之后，还凭着逆境中磨砺的体魄与思维，主政广东，大胆实行改革开放，对此后中国的经济腾飞，成为世界第二大经济体起到了"先行一步"的引领作用。拥有此种心境，正是因为他将自己置身事外，心中仅有为党、为人民服务的信念，无私造就无畏。我党历史上，像他一样的无私无畏者确有千千万万。在陕甘边革命根据地照金纪念馆里，一个展馆列展了所有为陕甘边革命根据地作出伟大贡献的战士，他们每一个都是有喜怒哀乐、有血有肉的人，哪怕在展厅里只是连照片、生年都不详的一个名字，未被统计的游击队员、医护人员、后勤人员更是不计其数，他们都为这场旷日持久的革命奉献了青春与汗水，其中很多人甚至奉献了生命，每一个牺牲背后都有一个生死关头的抉择，而他们心中有大义，选择了向死而生。

二是"接地气"的工作方式和生活方式。刘志丹和习仲勋都是杰出的党员干部，他们从不摆架子，始终生活在人民中，战斗在人民中。习仲勋回忆他第一次见到刘志丹的场景，尽管那时刘志丹已经是陕北一带响当当的革命人物，但"完全像一名普通战士，质朴无华，平易近人"，周围的同志们都亲切地叫他"老刘"，习仲勋19岁担任陕甘边革命委员会副主席，老乡们也亲切地称他为"娃娃主席"。习仲勋

照金感怀

在"文化大革命"后被安排在洛阳耐火材料厂，即便他曾身居高位，仍喜欢每天早上与下夜班的工人一起泡澡，与工友们说着工厂的事、家庭的事、国家的事，与人民坦诚相见、交流无碍。"为人民服务"不是一句口号，其前提是对群众的理解，习主席也曾说过，"脚下粘有多少泥土，便对这份土地爱得有多深"。

三是坚守原则的魄力。当习仲勋回望他的一生时，他由衷地说，"我这一辈子呀，没整过人"。其实，在党成长的漫长岁月中，无论是在"左"的或"右"的错误发生时，"没整过人"，就是在最艰难的岁月里帮了人。陈家坡会议时，有干部怀疑国民党军投诚将领王泰吉和陕西省委特派员高岗，习仲勋为他们一一解释说明；党内"肃反"运动时，坚定地维护刘志丹同志，相信他是党的忠诚战士；"文化大革命"时，他遭遇冤屈、审查，但他一言不发，没有将所谓"问题"转到别人头上。可以说，该忍耐的，他忍耐了；该承担的，他承担了；该挺身而出时，他挺身而出了。这便是一名讲原则的无产阶级战士的风骨。

做到这些看似很难，但其实都归于一点，他们始终心怀共产主义，明白自己正在路上，所以义无反顾。斗转星移，忠骨已然长眠，但高耸的英雄纪念碑仍然铭记，漫山遍野的格桑花仍然铭记，我们也将铭记：始终为党和人民服务，我们始终在路上，不忘初心，方得始终。

照金精神代代相传

○ 中国银行间市场交易商协会 钟栋华

这次很荣幸能参加中国人民银行组织的"重温红色记忆·筑梦青春央行"青年干部主题学习实践活动。在此之前我从未来过照金这片红色土地，对陕甘边区的印象一直停留在历史课本中，当我真正踏上这片黄土地，听着年近七旬的老人在陈家坡会议旧址讲着当年的故事，内心深处还是感受到了强烈的震撼，感叹现今的幸福生活来之不易，都是革命先辈用鲜血和热情逐步换取而来的。

而后我们参观了陕甘边革命根据地照金纪念馆，听着讲解员老师给我们说照金精神。陕甘边革命根据地是刘志丹、谢子长、习仲勋等共产党人把毛泽东武装割据思想与陕甘边区具体实际相结合的光辉典范。革命先辈们在照金浴血奋战，开辟红色热土，形成了独特的照金精神——不怕牺牲、顽强拼搏的英雄气概；独立自主、开拓进取的创新勇气；从实际出发、密切联系群众的工作作风。今天，我们在这里缅怀革命先辈，弘扬照金精神，就是要在新时期坚定不移地以人民利益为最高宗旨，求真务实，勇于创新，开拓进取，为实现民族复兴的中国梦而努力奋斗！反思现如今的我们，虽然在大城市生活，但照金精神离我们并不遥远，相反更是一种难能可贵值得弘扬、代代相传的宝贵财富。

这次实践活动组还特意给我们安排了人民银行挂职干部、铜川市扶贫局局长助理龚杰介绍铜川市扶贫工作情况；人民银行挂职干部、宜君县副县长崔海洋介绍宜君县扶贫工作情况；人民银行挂职干部、印台区副区长毛奇正介绍印台区扶贫工作情况；人民银行驻宜君县武家塬村第一书记栾春许介绍宜君县武家塬村扶贫和党建情况。经总行机关团委郭锐书记介绍栾春许同志也是2015年刚入职总行机关的新同事，已经扎根基层实实在在地为当地老百姓出谋划策奉献青春。听完对他的介绍，我自己顿时有种惭愧的感觉，大家都是同龄人，但格局和基调相差得太远。2015年硕士毕业，同专业的同学大家各奔东西，虽然留在北京的金融机构和律师事务所及公务员是最多的，但也有相当一批同学选择了奔赴祖国各地去参加选调。很多同学都是在条件比较艰苦的省份村镇从基层开始踏踏实实地干起，每天接触的农村生活，家长里短，但通过同学和学校各方面的资讯，现在都干得非常出色，成为当地基层的骨干。有的时候我也经常反思，同学们在大城市辛辛苦苦地读书，最后选择了与多年学习的法律并没有直接相关的工作，会不会有点大材小用了？能适应城市和农村落差这么大的生活环境吗？但今天我来到了照金，看着当初革命先辈在这片土地上洒下的热血，看着总行机关这么多优秀的年轻干部不怕脏不怕苦地下基层奉献自己的青春年华，这就是照金精神。"居庙堂之高，须有山林气味"。我从小出生在浙江农村，但因为读书去了城市，对农活并未有太多的了解。如果真的像总行青年干部和去基层选调的同学在农村扎根生活，我扪心自问自己未必能坚持下去。没有山林气味哪能居庙堂之高，对比现今在北京的生活压力，如果不能做到顽强拼搏、独立自主、开拓进取的精神我们这些整天生活在大城市的青年就不能像去过基层锻炼的青年那么有格局和韧性。

这周六周日我们班就要去印台区陈炉镇双碑村与当地村民同吃同住同劳动两天。虽然时间很短暂，但我会珍惜这次机会，希望自己能深入了解党情国情社情民情，做好扶贫方针政策的"宣传员"、了解扶贫开展情况。

照金精神不应该只是与这片黄土地挂钩，也不应该只是与农村基层挂钩，通过这次学习，我更应该反思自己，把这种精神带入自己的生活和工作中。要不怕苦、不怕牺牲、顽强拼搏地对待自己的工作和生活，不能贪图安逸，要勇于奋斗，加强自己的专业知识学习和工作能力的提高，对国家和社会做有个有用的人。同时也要反思生活方式，对比贫困村的各种生活不易，珍惜粮食，以过一种朴实无华的生活为目标，使自己能够帮助更多的人。这也许就是现代照金精神永相传的意义吧。

让红色火种生生不息

○ 中国支付清算协会　吴慧恬

在央行青年干部学习实践活动中，我们攀登了薛家寨，参观了陕甘边革命根据地照金纪念馆。时间虽然短暂，但照金精神、长征精神和红色事迹却引起了我深深的思考。那个年代连我的父母辈都不曾经历，远到已让我对那些红色事迹产生不了太多的联想，但这次参观却让我感受到巨大的震撼。以前，从书籍、影视作品中，了解到了红军长征的一波三折，但没想到陕甘边的革命也同样经历了常人难以想象的困难。

无论是红军的长征还是陕甘边的革命斗争都经历过波折，曾经由于错误的军事斗争路线导致红军节节败退。然而，靠着百折不挠、勇往直前的革命理想主义，靠着一不怕苦、二不怕死的革命英雄主义，靠着团结友爱、互帮互助的革命集体主义，靠着因地制宜、审时度势的革命现实主义，也靠着服从组织、顾全大局的革命全局主义，我党重新树立了正确的战略，通过艰苦卓绝的奋斗，最终取得胜利。80年前，一支队伍从井冈山出发，四渡赤水，飞越大渡桥，踏过大雪山，走过大草原，辗转两万五千里，到达黄土高原，让革命的火种星火燎原，也创造了世界军事斗争史上的奇迹。长征铸就了中国军人不朽的丰碑，铸就了中国军人铁打的意志。至今，长征精神仍在激励着每一名中国人。80年时过境迁，但是，数万红军战士用血肉之躯和宝贵生命铸就的长征精神生生不息、薪火相传。

红军成立以前，在人类历史的长河中，古今中外的农民起义还没有过成功的先例。陈胜、吴广揭竿而起，勇气可嘉，但最后却落得土崩瓦解；闯王深得民心，也免不了最后兵败如山倒的结局。还有黄巾起义、太平天国，都是开始声势浩大，地动山摇，最后却是分崩离析、溃不成军。原因何在？就是因为他们没有注重思想建设，没有提升队伍素质。而我党我军则与传统的农民起义截然相反，从红军建立之初，就极度重视思想政治工作，很多大字不识一个的农民群众，在进入队伍以后，学知识、学文化，成为一名合格的领导干部。靠着政工工作，部队始终保持着高昂的士气、超强的凝聚力，取得了抗日战争和解放战争的胜利。

红色火种、长征精神至今都在激励着我们去爱我们的国家、爱我们的集体。什么是爱国，我想，每个时期，都会有不同的内涵。革命战争时期，同敌人血战到底、为人民不顾生命，这就是爱国。和平发展时期，发展生产，弘扬文化，维护民族的尊严，这同样是爱国。古往今来，爱国一直是一种高尚的个人美德，因为热爱自己的国家、忠于自己的国家，许多人忍受着常人难以想象的落魄，但始终不忘"我的中国心"。林则徐被贬伊犁，但却高唱"苟利国家生死以，岂因祸福避趋之"；韩愈被贬潮州，但却兴利除害，造福一方百姓。这些都是爱国的表现。更有甚者，文天祥、关天培等，用生命和热血见证了爱国之情，更令我们肃然起敬。

新时期，新形势，新使命，为爱国精神注入了新的内涵：爱岗敬业，团结一心，爱好和平，勤劳勇敢，自强不